L'argent, votre sang ...

Guy Desaunay

L'argent, votre sang...

Du même auteur

Traité de fabrication des liqueurs. *Pierre Bordas et fils.*
Comment gérer son supérieur hiérarchique? *Dunod.*
Comment gérer ses subordonnés? *Dunod.*
Salariés, évaluez votre employeur. *Éditions d'organisation.*
Soyez convaincant ! *Eyrolles.*
Vous avez vieilli, profitez-en ! mais vite. *Amazon.*

L'objet le plus sacré du respect des mortels,
C'est l'or, et s'il n'a point encore ses autels,
Comme la Bonne Foi, la Paix et la Concorde,
Il est d'autres honneurs qu'à lui seul on accorde,
Et dans tout l'univers son culte révéré,
Pour n'être pas public, n'en est pas moins sacré.
JUVÉNAL, *Satire 1*. Trad. L. V. Raoul, 1826.

Table des matières

Au lecteur 8
L'ARGENT 12
     L'argent n'a pas d'odeur, la pauvreté, si... 13
     Symbolique et vocabulaire 22
     Riches et pauvres. Regards réciproques. 26
     La fascination de l'argent 86
     Les sources de la richesse 94
L'ARGENT, VOTRE SANG... 144
     Prologue 145
     Le rêve et la réalité 146
   Pourquoi dépense-t-on ? 153
   Peut-on diminuer ses dépenses? 161
   Comment diminuer ses dépenses ? 169
   Réfléchir avant d'engager de grosses dépenses 181
   Les dépenses récurrentes 188
   Le futur et l'épargne de précaution 195
Conclusion 197

Au lecteur

Riches et Pauvres, mais aussi budgets limités et dépenses inconsidérées, tels sont les thèmes de ce livre. Il n'est cependant destiné à être lu ni par les gens très pauvres ni par les gens très riches, qui ont d'ailleurs bien autre chose à faire. De plus, l'auteur manque totalement d'expérience et de la misère noire et de la fortune. Certes, il a connu l'après guerre, avec ses rationnements, ses queues devant les magasins, son manque de chauffage, ses rutabagas et bien sûr l'insolence des vainqueurs du moment et des profiteurs de toujours. Mais ce n'est pas du même ordre, car chacun espérait, attendait, rêvait la fin de cette période.

Cela rappelle cette normalienne, agrégée de philo et donc philosophe *in essentia,* qui, dans les années 1930, travaillait en usine pour comprendre, disait-elle, la *condition ouvrière.* De mauvaises langues lui firent remarquer que ce qui caractérisait la condition ouvrière c'était de ne pouvoir en sortir et qu'elle, elle pourrait reprendre ses cours à l'université le jour où elle le déciderait. Il en est presque de même du héros du livre *La Faim*, de Knut Hansum. Il n'a qu'un bout de crayon et manque de papier pour écrire la nouvelle qui lui apportera gloire et fortune. Sa faim est réelle, cruelle, quotidienne, mais il espère, il sait qu'elle prendra fin.

Le public attendu est plutôt celui qui connaît et connaîtra des fins de mois un peu justes, sinon difficiles ou même délicates, des découverts bancaires quasi chroniques, des achats reportés, des équipements ménagers usagés non connectés, des voitures qui démarrent capricieusement par temps de gel. Suivant les revenus, les points évoqués ci-dessus peuvent varier. Ce peuvent être des vacances raccourcies ou dans des sites « familiaux» pas trop coûteux, un habitat dans un quartier difficile ou dans une banlieue excentrée, un habillement *a minima,* des sorties récréatives rares, une télévision réduite aux chaînes gratuites, certains soins médicaux reportés, un téléphone qui ne peut que téléphoner, etc. Ou simplement le sentiment que tout est difficile, que tout coûte cher et qu'il est de plus en plus compliqué de faire face. Et qu'évidemment, les impôts augmentent toujours. Et la fortune des riches aussi !

C'est le lot de beaucoup d'européens, qui bénéficient certes des avantages associés aux pays riches, mais n'ont pas les moyens, relationnels, familiaux, liés à leurs diplômes ou à leur histoire personnelle, et évidemment financiers, de changer radicalement leur statut et leur revenu et donc doivent faire, jour après jour, avec celui qu'ils ont.

Face à ces contraintes, chacun réagit différemment, mais pas toujours avec la rationalité maximale.

On peut se plaindre et accuser la société qui est assurément mal faite, injuste et inégalitaire ou l'histoire qui est certainement cruelle. Cela n'avance pas à grand' chose, sauf à en faire son métier et devenir le secrétaire général aux frais professionnels importants et peu contrôlés d'une Union des X et des Y de France, largement subventionnée. Et la plupart des «créneaux» étant déjà occupés, la concurrence est vive et les places sont chères. Et à défaut de hautes protections...

LA GRÈVE
- Eh bien, et notre caisse de grève, camarade secrétaire ?
- Les élections ont tout boulotté...

Légende d'un gravure de GRANDJOUAN, *L'Assiette au beurre,* 1905. Des ouvriers s'adressent à un apparatchik de leur syndicat..

On peut agir mais de façon désordonnée. On peut par exemple acheter des billets de loterie. On peut même boire des tisanes:

Comptoirs spirituels
VERGE D'OR
Force sexuelle - Chance en argent
Apporte la chance en argent. Puissance, endurance, divination.
Combat également une sexualité défaillante, la fébrilité.
Utilisation en bains ou piler, mélangé à l'encens d'Église.
Faire brûler en récitant les Psaumes 22 et 103. En bain, mélangé à l'huile Figuier et se frictionner avec le baume de Ste Hélène.

On peut aussi s'endetter de façon telle que la situation devienne inextricable. On peut obérer l'avenir en ne prévoyant rien pour sa retraite. On peut enfin frauder telle ou telle règle si l'on en a l'occasion et le pouvoir et si l'on a une morale souple et une impunité quasiment assurée. Cela peut apporter des soulagements momentanés, mais règle rarement les problèmes de fonds.

Pour résoudre ces derniers, il faut d'abord réfléchir et ensuite agir. Les deux sont difficiles. Réfléchir à ce sujet , c'est réfléchir à la méchanceté humaine institutionnalisée. Mais c'est aussi se promener dans ses manques, ses angoisses, ses incapacités, ce qui n'a rien d'agréable. Agir, c'est prendre quelques décisions difficiles. C'est aussi et surtout se surveiller quotidiennement ou même à chaque instant, ce qui n'est pas non plus attrayant. Dans ce domaine, il n'y a pas de miracles. Et la seule lecture de ce livre n'en fera pas non plus, si vous ne mettez pas sérieusement la main à la pâte.

Il faut enfin mieux comprendre l'univers dans lequel vous vivez, un univers truqué dans lequel des gens intelligents et instruits sont payés pour imaginer les pièges dans lesquels vous tomberez en y laissant des plumes, c'est à dire une partie de votre argent. Et ce pour des satisfactions éphémères.

L'ARGENT

L'argent, mon cher, l'argent, c'est la seule puissance.
On a quelque respect encore pour la naissance.,
Pour le talent fort peu, point pour la probité;
Mais qui sait s'enrichir est vraiment respecté.
Les hommes sérieux le trouvent estimable
Les savants érudit, et les femmes aimable.
PONSARD. *Honneur et argent.*

L'argent n'a pas d'odeur, la pauvreté, si...

> *De là tous les crimes : aucune passion humaine n'a distillé plus de poisons, n'a aiguisé plus de poignards, que l'insatiable désir d'une fortune sans mesure : car celui qui souhaite la richesse veut l'acquérir en un jour : et quel respect des lois, quelle crainte, quelle pudeur peuvent contenir l'impatience de l'avarice ?*
> JUVÉNAL, S*atire XIV.*

L'argent n'a pas d'odeur, aurait dit l'empereur romain Vespasien, après avoir créé un impôt sur les urinoirs publics et leur avoir ainsi laissé le glorieux nom de vespasiennes. Ce n'était pas d'un petit rapport car l'urine servait à dégraisser les laines et à tanner les peaux. C'était alors une matière première importante. Les sources de la fortune sont donc souvent sales, physiquement et surtout moralement, mais qu'importe !

Au 20° siècle, un homme politique a plaint un jour les français de devoir supporter les odeurs de merguez grillées qui planaient sur leurs banlieues. Cent ans plus tôt, il aurait pu les plaindre à propos des odeurs de chou bouilli qui traînaient sur les campagnes françaises et même parfois sur cette Corrèze à la cuisine si raffinée.

La pauvreté sent mauvais, physiquement et symboliquement pour la délicatesse des riches. Moralement aussi, car, comme chacun sait, les *basses classes* n'ont guère que des vices. D'ailleurs autrefois, elles emplissaient les asiles !

« La progression de la pauvreté accrut la mendicité, le vagabondage, les agressions et la prostitution dans les grandes villes.

« Au cours du 17° siècle, le pouvoir royal voulut régler ce problème en menant une politique d'enfermement systématique dans les établissements dépendant de l'hôpital général. Cette politique était avant tout l'expression d'une volonté d'ordre public sans aucun souci médical. Ainsi, à Paris, dans les établissements de la Salpêtrière, la Pitié, Bicêtre, il s'agissait d'accueillir selon les termes mêmes de l'Édit de 1656 les pauvres « de tous sexes, lieux et âges, de quelques qualité et naissance, et en quelque état qu'ils puissent être, valides ou invalides, malades ou convalescents, curables ou incurables.» [i]

De nos jours, ces basses classes encombrent les prisons.

« S'il n'est pas justifié d'établir un rapport direct entre crime et pauvreté, il n'en a pas moins été démontré que la "surreprésentation" des pauvres en prison est le résultat d'un processus social », conclut Annie Kensey.» [ii]

Et les couloirs de la mort :

« Aux USA, le nombre de victimes d'homicides est équivalent dans la communauté blanche et dans la communauté noire. Pourtant, la peine de mort est la sentence infligée à 81.64% des cas dont la victime est blanche. Le meurtre d'un membre d'une communauté ethnique (noirs, latinos et asiatiques confondus) n'est passible de la peine de mort que dans 18.36% des cas. Sur 132 personnes exécutées pour meurtres entre 1977 et 1998, 124 concernaient un meurtrier noir et une victime blanche et seulement 8 un meurtrier blanc et une victime noire (pour un nombre identique de victimes.) » [iii]

Des sociétés inégalitaires depuis toujours

On condamne à mort le meurtrier timide qui tue le passant d'un coup de surin, au détour des rues nocturnes, et l'on jette son tronc décapité aux sépultures infâmes. Mais le conquérant qui a brûlé les villes, décimé les peuples, toute la folie, toute la lâcheté

humaines se coalisent pour le hisser sur des pavois monstrueux. En son honneur on dresse des arcs de triomphe, des colonnes vertigineuses de bronze, et, dans les cathédrales, les foules s'agenouillent pieusement autour de son tombeau de marbre bénit que gardent les saints et les anges, sous l'œil de Dieu charmé !...
    O. MIRBEAU, *Le Calvaire.*

La répartition des richesses a toujours été partout profondément inégalitaire, sauf dans quelque société utopiste, à ses débuts tout au moins, car les utopies, en général, vieillissent mal. Hélas !

Au départ, pour une raison simple : la plupart des sociétés sont le résultat de conquêtes de peuples mal armés, mal défendus, par d'autres peuples plus cruels sinon sanguinaires. Les amérindiens n'avaient que des armes de pierre pour combattre des envahisseurs dotés d'épées d'acier, de fusils et de chevaux. Les africains n'avaient que de vieilles pétoires pour résister aux mitrailleuses des colonisateurs européens. Et les révoltes paysannes françaises au Moyen Age n'avaient pour armes que des faucilles au bout d'un long bâton.

Les français, ex-gaulois, pourraient d'ailleurs réciter une litanie de conquérants, Goths, Wisigoths, Vandales, Francs, Huns, Arabes, Normands, Anglais, Prussiens, etc.

Ils pourraient aussi débiter une autre litanie, celle de leurs conquêtes armées qui aboutirent à l'empire colonial français, puis aux guerres sanglantes de décolonisation, dont certaines durent encore.

Sans oublier la traite des esclaves africains, le commerce de l'opium imposé aux Chinois, etc. Ni le trafic ou la seule exportation d'armes.

Chili
Les armes françaises à l'honneur

Légende d'une couverture de *Charlie Hebdo* (1972) représentant un fusillé criant : *Vive la France.* Le Chili subissait alors une très dure dictature militaire.

La richesse découle donc très souvent du « droit de conquête », qui n'a aucune justification religieuse, morale ou économique, et ne découle que de l'usage de la violence et du principe qu'il est plus simple, moins fatigant et d'ailleurs plus glorieux, de piller, de violer et de tuer que de travailler.

K. MARX :« Dans les annales de l'histoire réelle, c'est la conquête, l'asservissement, la rapine à main armée, le règne de la force brutale, qui l'a toujours emporté. » [iv]

.La plupart des populations conquises, si elles ne sont pas purement et simplement réduites en esclavage, sont « *taillables et corvéables à merci* », comme l'on disait au Moyen Age, c'est à dire écrasées d'impôts. Et au départ, le plus souvent, l'État n'est qu'un système administratif de prélèvement de ces impôts, par la force le plus souvent. On est très loin d'une association volontaire de citoyens libres pour assumer des tâches qui le seront plus efficacement de façon collective.

Il va de soi que la répartition des richesses est alors extrêmement inégalitaire. Les uns ont tout ce qui est disponible, les autres à peine de quoi manger, ne sont vêtus que de loques crasseuses et pouilleuses, et meurent jeunes.

La révolution française, si elle a en partie changé les propriétaires, par la vente des biens nationaux, n'a guère changé l'inégalité de la répartition des richesses. Au moins, le principe de l'égalité a-t-il été reconnu.

« Mais songez donc, Monsieur, qu'autrefois on nous tuait pour cinq sous parisis. C'était la loi. Tout noble ayant tué un vilain devait jeter cinq sous sur la fosse du mort. Mais les lois libérales ne s'exécutent guère, et la plupart du temps on nous tuait pour rien. Maintenant il en coûte à un maire sept sous et demi de papier marqué pour seulement mettre en prison l'homme qui travaille, et les juges s'en mêlent. On prend des conclusions, puis on rend un arrêté conforme au bon plaisir du maire et du préfet. Vous paraît-il, Monsieur, que nous ayons peu gagné en cinq ou six cents ans ? Nous étions la gent corvéable, taillable et tuable à volonté; nous ne sommes plus qu'incarcérables. Est-ce assez, direz-vous?(…)

Patience ; laissez faire ; encore cinq ou six siècles, et nous parlerons au maire tout comme je vous parle; nous pourrons lui demander de l'argent, s'il nous en doit, et nous plaindre, s'il nous en prend, sans encourir peine de prison.

On tient assez généralement que les paysans sont des hommes. De là à les traiter comme tels, il y a loin encore. Il se passera longtemps avant qu'on s'accoutume, dans la plupart de nos provinces, à voir un paysan vêtu, semer et recueillir pour lui ; à voir un homme de bien posséder quelque chose.

Ces nouveautés choquent furieusement les propriétaires; j'entends ceux qui pour le devenir n'ont eu que la peine de naître.» [v]

Dans les sociétés actuelles, dites démocratiques, cette inégalité violente, si elle existe toujours, s'est faite plus hypocrite, plus larvée, et certaines de ses blessures sont pansées par des distributions anesthésiantes de « pains et de jeux » (le bon vieux *panem et circenses* des anciens Romains), subventions et allocations diverses, mais qui profitent plus aux débrouillards qu'aux méritants.

Des sociétés inégalitaires pour toujours ?

> *L'aristocratie des riches est pire que celle des nobles.*
> J. P. Marat

De plus, ces inégalités n'ont aucunement tendance à diminuer, même dans les pays dits développés.

« En 2014, les dix personnes les plus riches de France possédaient 141,5 milliards d'euros, leur fortune a donc augmenté de 53,5 milliards d'euros depuis l'année dernière (classement Challenges 2014), soit en moyenne plus de 5 milliards d'euros d'augmentation par membre du top 10. Concrètement, une augmentation annuelle de 5 milliards d'euros représente un « salaire » net de 417 000 000 d'euros par mois (soit 285 874 fois le SMIC) pendant un an. » [vi]

Aux USA, les 20 % les plus riches détiennent 85% de la richesse et les 20% les plus pauvres seulement 0,1% de cette richesse Depuis 2008, 95% de la croissance économique a bénéficié aux 1% les plus riches et 90% de la population a perdu de la richesse

Toujours aux USA, le rapport entre les traitements d'un PDG et le salaire d'un travailleur est de 273 / 1, ce qui classe les USA à côté de la Bulgarie, des Philippines, et du Cameroun. (Source : Forbes)

Et le phénomène s'étend à d'autres domaines.

« D'après une étude réalisée par Artprice, parmi les 49 000 artistes contemporains recensés aux enchères, uniquement dix artistes se partagent 35% des recettes globales, et même trois artistes 18%. Vu le cercle exclusif des artistes contemporains reconnus et admirés partout dans le monde, on peut se demander si l'art contemporain est rentré dans sa phase de destruction. Car ces dix noms sont devenus aujourd'hui une espèce d'oligarchie artistique, une caste dominante qui gouverne et dicte les commandements de la création contemporaine. Le premier symbole du déclin de l'art contemporain se trouve là. » [vii]

La monétarisation de la vie actuelle

Il ne cesse de répéter cette sentence d'Ennius, digne des dieux et de Jupiter lui-même : ON NE S'INFORME POINT D'OU VIENNENT LES RICHESSES ; IL

SUFFIT D'ETRE RICHE. La grand-mère l'apprend à ses petits-fils, toutes les fois qu'ils viennent caresser sa bourse ; les jeunes filles le savent avant leur alphabet.
JUVÉNAL. *Satire 1*

L'argent, avec l'amour et la santé, est probablement l'une des préoccupations principales des êtres humains actuels. Nous disons actuels, car la monétarisation totale de la vie quotidienne est un phénomène relativement récent. Un serf du Moyen Age, un manouvrier du 18° siècle ne maniaient guère d'argent. Ils vivaient de leurs récoltes, du moins de la partie que leur seigneur du château ou que l'abbé de leur monastère voulaient bien leur laisser, en troquaient une autre partie et vivaient pratiquement en circuit fermé. Les choses ne changent vraiment qu'à partir du 19° siècle, l'industrialisation et l'extension du salariat.

Par ailleurs, jusqu'à cette révolution industrielle et l'urbanisation qui s'en est suivie, les occasions de dépenses inutiles étaient peu nombreuses. La ville était loin, les foires et marchés rares et les colporteurs ne vendaient rien de grande valeur. Il était difficile de se ruiner (quand évidemment on possédait quelque chose) en colifichets ou en spéculations ! Là aussi, le salariat a changé les choses et l'on pouvait désormais dépenser l'essentiel de la paie de sa journée ou de sa quinzaine en quelques heures à la taverne du coin.

Surtout le consommateur actuel est soumis à un véritable matraquage publicitaire. En effet, ce qui démarque la publicité actuelle de la réclame du 19° siècle, c'est sa présence constante, envahissante, obsédante, qui salit l'entrée des villes, pollue l'écran de votre ordinateur et coupe grossièrement les films diffusés par la télévision. C'est aussi le caractère colossal des sommes engagées. On dit ainsi que les dépenses publicitaires liées à un parfum représentent 40% de son prix de vente. D'où le réflexe de certains : « J'achète le plus rarement possible une marque connue. Si je la connais, c'est qu'elle fait de la publicité. Et donc je paie cette publicité dont le coût est évidemment compris dans le prix de vente. »

Point de vue chrétien : « La société de consommation est devenue experte pour ce qui est d'attiser l'avidité. Influencés de manière aussi subtile que redoutable, nombreux sont ceux qui en viennent à penser qu'ils n'en ont pas assez. Il leur faut plus, plus grand et mieux. Étant donné qu'il est vain de vouloir changer le monde qui nous entoure, comment pouvons-nous à titre individuel résister à cette tendance ? » [viii]

Et c'est toujours la même promesse qui est faite, depuis Adam et Eve : « *Vous serez comme des Dieux.* » Il suffit de dépenser. Difficile de résister

Enfin, il y une collusion des administrations, des entreprises et des médias pour pousser à la consommation de biens et de services souvent inutiles mais rentables pour les gens en place qu'ils soient actionnaires ou fonctionnaires.

De nos jours, il faut donc non seulement se battre, pour gagner sa vie comme on l'a toujours fait, mais résister à de fortes pressions pour ne pas dépenser inutilement et ne pas se retrouver avec des découverts bancaires très coûteux pour l'usager mais très profitables pour les organismes de crédit. Car là comme ailleurs, la richesse s'engraisse de la pauvreté.

La richesse, un continuum vécu comme une hiérarchie

Les fortunes forment un véritable continuum, avec des degrés presque insensibles qui vont des téra-riches (néologisme construit sur tératologie, la science des monstres) aux gens qui n'ont pas de toit sur la tête. Cependant, psychologiquement, cela est vécu comme un système de castes imperméables les unes aux autres, chacun voulant se démarquer des castes inférieures et imiter les castes supérieures.

- Pourquoi pas ce cocher-là, ma chérie ?

- **Tu ne voudrais pas, c'est mon père !**

Légende d'un dessin de GRIS, *Le Rire,* 1910.

Être riche est donc tout à fait relatif. On considère comme riche celui qui a nettement plus que soi. Dans les campagnes d'autrefois, il suffisait de connaître le nombre d'hectares possédés par les uns et les autres, ce qui était de notoriété publique. De nos jours, les choses sont plus compliquées et certaines professions font métier de se plaindre, alors que... Cela entretient suspicions et jalousies.

Il faut aussi distinguer entre les très grandes fortunes (40 milliards de dollars pour la 1° fortune française) inaccessibles sauf par héritage, spéculations hors de portée du commun des mortels ou rarissimes créations de start-up heureusement et rapidement introduites en bourse, et les fortunes courantes, celles par exemple de la bonne bourgeoisie, accumulées par des générations de rentes de situation et justifiées, sinon consacrées en quelque sorte, par le temps.

Symbolique et vocabulaire

Représentations

> *Enfin, accumuler, c'est conquérir le monde
> de la richesse sociale, étendre sa domination
> personnelle, augmenter le nombre de ses sujets,
> c'est sacrifier à une ambition insatiable.*
> KARL MARX. *Le Capital.*

Le Veau d'or, c'est-à-dire l'argent, est dans la Bible le symbole des idoles dont le culte est condamnable. Il y est aussi l'occasion d'une meurtrière guerre de religions :

« Moïse se plaça à la porte du camp, et dit : À moi ceux qui sont pour l'Éternel ! Et tous les enfants de Lévi s'assemblèrent auprès de lui. »

« Il leur dit : Ainsi parle l'Éternel, le Dieu d'Israël : Que chacun de vous mette son épée au côté ; traversez et parcourez le camp d'une porte à l'autre, et que chacun tue son frère, son parent. »

« Les enfants de Lévi firent ce qu'ordonnait Moïse ; et environ trois mille hommes parmi le peuple périrent en cette journée. » [ix]

Au 19° siècle, le veau d'or a perdu sa symbolique religieuse et est devenu l'emblème de l'argent, des puissances financières et du « capitalisme apatride » comme on disait à l'époque.

MEPHISTOPHÉLÈS: "Le veau d'or est toujours debout;
On encense Sa puissance
D'un bout du monde à l'autre bout!
Pour fêter l'infâme idole,
Rois et peuples confondus,
Au bruit sombre des écus

Dansent une ronde folle autour de son piédestal!
Et Satan conduit le bal!
TOUS: Et Satan conduit le bal!
MEPHISTOPHÉLÈS: Le veau d'or est vainqueur des dieux;
Dans sa gloire dérisoire
Le monstre abject insulte aux cieux!
Il contemple, ô rage étrange!
A ses pieds le genre humain
Se ruant, le fer en main,
Dans le sang et dans la fange
Où brille l'ardent métal!
Et Satan conduit le bal!
TOUS: Et Satan conduit le bal! "

(GOUNOD, *Faust.*)

Le Veau d'or est, de nos jours, un peu passé de mode comme symbole, mais rien ne l'a vraiment remplacé. Et le roi-dollar n'a pas suscité autant de verve de la part des caricaturistes.

La Fortune était dans l'antiquité gréco-latine une déesse, aux yeux couverts d'un bandeau et semant de l'or tiré d'une corne d'abondance. Ce caractère aveugle de la Fortune a été abondamment souligné par la suite. Mais si elle était aveugle la fortune ne répandait pas ses biens absolument au hasard. Le poète latin Virgile qui a acquis la gloire en faisant de son œuvre le Dictionnaire des idées reçues de son époque, écrit en effet dans *l'Énéide* : « *Audaces fortuna juvat*», soit « la fortune sourit aux audacieux». Mais on pourrait traduire «*audaces*» par l'expression française « *qui ont un culot monstre*», en forçant un peu le trait de LA FONTAINE qui dit dans ses Fables : « *Fortune aveugle suit aveugle hardiesse* ». Jules César, en franchissant le Rubicon, ne pensait sans doute pas qu'il finirait assassiné, et par son fils adoptif ! Mais après tout, il finit *divin*, ce qui n'est pas mal pour un mortel encore vivant.

Le mot argent, lui, vient du mot grec *argos* qui signifie blanc, et brillant, mais son deuxième sens désigne celui qui ne travaille pas la terre, et pour l'historien grec Hérodote désigne un paresseux, un oisif !

Le mot richesse, d'étymologie germanique, signifie d'abord la puissance puis l'abondance : une terre riche, une nourriture riche.

Le mot pauvre, vient lui, du latin et signifie d'abord celui qui n'a pas les biens nécessaires à sa subsistance, mais aussi ce qui n'a pas de valeur.

Le vocabulaire

> *Depuis des siècles, le colon étend sa fortune*
> *en donnant des noms à ce qu'il s'approprie et en*
> *les ôtant à ce qui le gêne.*
> KAMEL DAOUD. *Meursault, contre-enquête.*

La langue française officielle a créé peu de mots synonymes d'argent, par pudeur sans doute. Mais son argot, lui, a créé de très nombreux termes pour le désigner, à la mesure de son importance dans la vie quotidienne des gens ordinaires. En voici quelques-uns, et la liste n'est pas exhaustive.

Fric, pèze, flouze, pognon, blé, oseille, grisbi, pécune, monnaie, avoine, braise, fraîche, galette, liard, pépètes, picaille, picaillons, mitraille, radis, soudure, bâton, obole, cliquaille, denier, écu,, ferraille, kopeck, jaunet, jonc, joncaille...

Il a aussi créé un bon nombre de mots, mais moins nombreux, pour désigner ceux qui le possèdent.

Milliardaire, nabab, nanti, ploutocrate, possédant, privilégié, richard, rupin, parvenu, gavé, sucré, capitaliste.

Et d'autres pour ceux qui ont peu ou pas d'argent.

Bélître, démuni, gueux, indigent, malheureux, mendiant, mendigot, miséreux, nécessiteux, pauvre, crève la faim, clampin, traîne-savate, va nus pieds, pauvre hère, purotin, sans-le-sou, misérable, ruiné, besogneux, gêné, appauvri, indigent, impécunieux, fauché, assisté. Et aussi des verbes ; *être dans la purée, être dans la mouise...*

Plus les termes officiels : *Smicard, RMIste, venant d'un quartier difficile.*

Notons aussi qu'utilisé comme adjectif, pauvre est toujours dépréciatif : un pauvre type, une pauvre fille. Ce n'est plus seulement la fortune qui est en alors jeu, mais bien la personnalité. Il y a aussi le désormais célèbre *Pauvre c...* Mais comme dit le proverbe *: A goujat, goujat et demi.*

J'suis ni musicien ni chanteur, j'suis crève-la-faim.

Légende d''un dessin de Van Dongen représentant un clochard jouant du violon. *L'Assiette eu Beurre*, 1901.

Riches et pauvres. Regards réciproques.

Qui qu'est gueux, c'est-y-nous ?
Ou ben ceux qu'a des sous ?
JEAN RICHEPIN, *La Chanson des gueux.* 1881.

Ce regard est sans complaisance, des deux côtés. Pour les pauvres, les riches sont malhonnêtes et impitoyables.

> **J'ai encore trois sous à recevoir. Madame la duchesse, un sou... la maîtresse d'école deux sous !**

Légende d'un dessin de FRONT. *L'Assiette au beurre.* Vers 1900.

Pour les riches, les pauvres sont paresseux et surtout vicieux (alcoolisme, mœurs dissolues, prostitution, malhonnêteté, etc.)

> **Voler un pain, à la rigueur, çà peut se comprendre, mais voler de la viande, faut en avoir du vice !**

Légende d'un dessin de PONCET, *L'Assiette au beurre.* 1908.

> **Depuis que j'ai vu un pauvre à qui j'avais donné deux sous aller s'enivrer, çà m'a dégoûtée de faire la charité.**

Légende d'un dessin de LÉONCE BURRET. *L'Assiette au beurre.* 1901.

Certaines religions ne sont guère plus tendres. « La pauvreté n'est pas valorisée en Islam. Le Prophète dit : " *La pauvreté extrême mène vers la mécréance* ". Il nous demande d'invoquer la protection d'Allah de la pauvreté. » [x]

Notons de plus une spécificité française, société où règnent de forts tabous pour tout ce qui concerne la richesse. C'est un sujet dont on parle peu. Et c'est un sujet sur lequel existent peu d'informations et de commentaires sur Internet. De plus, la richesse surtout ostentatoire, y est en général mal vue. Les riches, s'ils sont enviés, ne sont pas aimés. Les pauvres, non plus d'ailleurs !

Ce que les pauvres pensent des riches.

> *Le premier qui, ayant enclos un terrain, s'avisa de dire : Ceci est à moi, et trouva des gens assez simples pour le croire, fut le vrai fondateur de la société civile. Que de crimes, que de guerres, de meurtres, que de misères et d'horreurs n'eût point épargnés au genre humain celui qui, arrachant les pieux ou comblant le fossé, eût crié à ses semblables : Gardez-vous d'écouter cet imposteur; vous êtes perdus, si vous oubliez que les fruits sont à tous, et que la terre n'est à personne.*
>
> J. J. ROUSSEAU, *Discours sur l'origine de l'inégalité*. 1755.

Enviés, mais non aimés, sinon haïs, tel pourrait être le résumé de ce que les pauvres ressentent à propos des riches.

Très simplifiée, leur pensée est que ce sont des voleurs polymorphes.

PROUDHON : « Si j'avais à répondre à la question suivante : Qu'est-ce que l'esclavage ? et que d'un seul mot je répondisse : c'est l'assassinat, ma pensée serait d'abord comprise. Je n'aurais pas besoin d'un long discours pour montrer que le pouvoir d'ôter à l'homme la pensée, la volonté, la personnalité, est un pouvoir de vie et de mort, et que faire un homme esclave, c'est l'assassinat. Pourquoi donc à cette autre demande : Qu'est-ce que la propriété ? ne puis-je répondre de même : c'est le vol, sans avoir la certitude de n'être pas entendu, bien que cette seconde proposition ne soit que la première transformée ? » [xi]

Cette idée est toujours vivace.

« Selon le magazine Cameraman, les gens riches provoquent souvent envie et méfiance, jusqu'au point où l'on prend plaisir à les voir en difficulté. Une étude de l'université de Pennsylvanie a ainsi démontré que la plupart des gens ont tendance à associer la perception de profits avec une nuisance sociale. Quand on a demandé aux participants d'évaluer différentes entreprises et industries (certaines réelles, d'autres hypothétiques), aussi bien les gens de gauche que de droite ont catalogué les institutions faisant plus de profits comme nuisibles à tous les niveaux, indépendamment des actions réelles de l'entreprise ou de l'industrie en question. » [xii]

Une fortune mal acquise

> *Congregare per fas et nefas opes.*
> Accumuler par tous les moyens, honnêtes ou non.
> SAINT JÉRÔME DE STRIDON

Le premier reproche, adressé depuis toujours, est que la fortune des riches est mal acquise. En France, on a certes oublié les attributions incroyables des biens nationaux durant la révolution, ce roi de France qui spéculait en Bourse, grâce aux informations privilégiées dont il disposait (Daumier en fit une caricature célèbre), les spéculations immobilières du Second empire, le scandale de Panama, les fournitures aux armées de 1914-1918, le marché noir des années 1940, la reconstruction des années 1950, la spéculation immobilière sur la Côte d'Azur, quelques ventes d'armes, etc. Mais si l'on a oublié le détail, richesse et malhonnêteté restent fortement liées dans les mentalités de chacun.

H. DE BALZAC le disait déjà « Heureux ceux dont les pères ont été pendus. »

Ce fut repris à l'orée du 20° siècle :

> « - **Hubert, mon bisaïeul maternel mourut guillotiné en 93...**
>
> **- Secouez les mains avec moi, Cher ami, mon propre grand père a été pendu en Californie, il y a 42 ans.** »

Légende d'un dessin de J. VILLEMOT, *L'Assiette au beurre. 1911.*

Le philosophe grec Aristote l'avait déjà savamment énoncé : les mêmes causes produisent les mêmes effets.

Tout leur est du

C'est un sentiment général, illustré dans une scène de film qui montre un PDG à une table de restaurant avec ses collaborateurs . Pour une raison inconnue, à un moment donné, son couvert est décalé. Pluton que de déplacer UN couvert, il déplace toute la table, perturbant ainsi tous les convives. Qu'importe, lui a retrouvé son couvert.

C'est un sentiment conforté par l'observation scientifique. « On a ainsi constaté qu'à San Francisco – où selon la loi, les voitures doivent s'arrêter devant les passages piétons pour laisser passer les gens – les conducteurs de voitures de luxe s'arrêtaient quatre fois moins que ceux conduisant des voitures moins chères. Ils étaient également plus enclins à couper la route aux autres conducteurs. » [xiii]

Ils bénéficient de passe droits

> *La justice pèse les témoignages au poids des armes.*
> A. FRANCE, *Crainquebille.*

Un autre reproche est que les riches bénéficient de passe droits, et qu'entre autres, la justice n'est pas la même pour tous, ni d'ailleurs les persécutions des administrations, parce qu'ils bénéficient d'une mansuétude particulière en fonction d'une collusion implicite et d'intérêts de classe très proches.

> ### J'm'en fous, mon père est magistrat !

dit un homme encadré par deux gendarmes. Légende d'un dessin des Tartines de *L'Assiette au beurre*. Vers 1900. Non sourcé.

> **La justice égale pour tous ! Ils ne dotent de rien, ces utopistes.**

Légende d'un dessin de Jossot, l'Assiette au beurre; 1901

Un ancien Président du Conseil constitutionnel : « Au sommet de l'État, certains se croient tout permis », s'insurge par ailleurs Jean-Louis Debré : « J'ai vu des choses inouïes au Conseil constitutionnel. Par exemple, un ancien membre a pu racheter sa voiture officielle pour un euro symbolique en quittant son poste. Et il a continué à nous envoyer ses contraventions après son départ... » (Les Echos, 14/4/2016.)

Ensuite, parce qu'ils peuvent se payer les meilleurs cabinets d'avocats et leurs dizaines de spécialistes et trouver quelque échappatoire dans le fouillis des lois françaises.

Enfin, parce que les contrôles tombent toujours sur les mêmes.

Sous prétexte de bien commun, la loi les avantage

Un bon exemple en est l'utilisation de niches fiscales, qui à l'évidence ne peuvent servir qu' à ceux qui ont de l'argent. Mais beaucoup de règlements, indirectement, avantagent les riches, tels les faibles taux de TVA applicables à le restauration. Aller au restaurant n'est fréquent que pour les gens fortunés. Il en est de même pour la possibilité qu'ont les taxis de prendre les couloirs de bus, plus rapides. Le bon peuple, lui, prend le métro. On pourrait multiplier les exemples, généralement cachés sous les meilleurs arguments du monde.

L'abus de leur position dominante

> *Car quiconque a déjà, on lui donnera et il sera*
> *qu' à ceux qui ont dans l'abondance et à celui qui*
> *n'a pas on lui ôtera ce qu'il a.*
> MATH. 13-12.

«Les riches possèdent tous les éléments de la production, ils en possèdent également les produits, objets utiles, nécessaire à l'existence, sources et soutiens de la vie, tout est entre leurs mains, et c'est là que les pauvres les devront aller chercher. Car en face des riches, de cette classe privilégiée, il y a les pauvres ceux qui, de ce stock accumulé de richesses qui fait le patrimoine d'un pays n'ont qu'une part insuffisante, quand ils en ont une. Ceux-là sont cependant consommateurs, au moins ils doivent l'être, car ils ont des besoins. Pour satisfaire ces besoins, il leur faudra acheter des produits, et les acheter des riches qui les détiennent. Or ils n'apportent sur le marché que leur travail, que l'ouvrage de leurs deux bras c'est le seul moyen d'échange qu'ils possèdent. Ce sera donc par ce travail ou plutôt par la rémunération de ce travail par le salaire qu'ils paieront les objets qui leur sont si nécessaires. Mais ils ne pourront le faire que si de son côté leur travail est demandé, c'est-à-dire si les riches en ont besoin. La condition essentielle de leur existence, c'est le besoin que les riches ont de leur travail et la demande qu'ils en font.» [xiv]

On considère généralement que leur position de pouvoir leur permet de ne payer que des salaires de misère, encouragés en cela par des "experts" en tous genres, estampillés : Vu à la télévision. « Mathieu Guidére juge impossible de mener la guerre contre le terrorisme, car "les français continuent à manifester, à faire grève, à demander toujours plus". Avant d'ajouter : "On ne peut pas faire la guerre avec les trente cinq heures".» [xv] Mais si , on pourrait, en ne les payant que trente par exemple. Français, encore un effort !

Ou de licencier suivant leurs contraintes propres ou sous les prétextes les plus minces.

« Le licenciement pour mains moites est une allusion directe à Marcel Dassault qui congédia un employé précisément pour cette raison.» [xvi]

Les relations ne sont pas meilleures entre entreprises, et les plus importantes profitent de leur position de pouvoir pour régler leurs factures bien au delà des délais légaux, l'État battant tous les records.

«Les retards de paiement atteignent 13,6 jours actuellement en France, soit le niveau le plus élevé depuis dix ans, par rapport à un régime légal de 60 jours à compter de la date d'émission d'une facture ou de 45 jours "fin de mois". Leur impact sur la trésorerie des PME et TPE françaises est estimé à 15 milliards d'euros, ce qui fragilise de nombreuses d'entre elles. » [xvii]

Le principe reste le même : exploiter plus faible que soi:

Assemblée d'actionnaires
J'ai le plaisir de vous annoncer, Messieurs, que le prix du pain va augmenter dans les cinq parties du monde.

Légende d'un dessin de CAHARD. *L'Assiette au beurre.* 1903

La collusion avec les autres pouvoirs

Argent et pouvoir politique sont étroitement liés dans la mentalité de chacun, comme d'ailleurs dans les faits. Rappelons Jules César, hanté par l'idée de devenir le roi de Rome, qui pendant dix ans ravage la Gaule, tuant, pillant, volant pour amasser l'argent nécessaire à ses projets.. Ou ces milliardaires américains qui investissent dans des campagnes électorales, espérant bien que cet investissement, s'il réussit, se transformera en divers avantages. Ou ces milliardaires français investissant (dans) des journaux, non rentables financièrement. La rentabilité doit bien se trouver quelque part.

La collusion de l'argent avec le pouvoir religieux du christianisme romain relève désormais de l'histoire, mais a été aussi régulièrement dénoncée.

«Nous façonnons le peuple à cette obéissance muette et morne, à cette soumission de serf et de brute, qui assure le repos des états par l'immobilité de l'esprit! ... (Mais certains) ne comprennent .. pas que du jour où nous aurons dit au peuple que son atroce misère est une loi immuable, éternelle de la destinée, qu'il doit renoncer au coupable espoir de toute amélioration de son sort; qu'il doit enfin regarder comme un crime aux yeux de dieu d'aspirer au bien être dans ce monde, puisque les récompenses d'en haut sont en raison des souffrances d'ici bas; de ce jour là il faudra bien que le peuple, hébété par cette conviction désespérée, se résigne à croupir dans sa fange et dans sa misère; alors toutes ses impatientes aspirations vers des jours meilleurs seront étouffées.» (E. Sue, *Le Juif errant*. Ce célèbre roman d'aventures est aussi une critique féroce des jésuites. C'est l'un d'eux qui parle ainsi.)

Nos Loges m'envoient sur vous des rapports effrayants !.. Vous ne serez jamais évêque !

Légende d'un dessin de FORAIN. *le Rire*. 1904

Les loges en question sont les loges maçonniques.

Cette collusion vient en grande partie du fait que les Églises sont le plus souvent fort riches et défendent âprement leurs privilèges. « La Haute Église d'Angleterre, par exemple, pardonnera bien plus facilement une attaque contre trente huit de ses trente neuf articles de foi que contre un trente neuvième de ses revenus. »« [xviii]

Collusion également avec les élites. En effet, politiques, journalistes, hauts fonctionnaires, dirigeants d'entreprise, nationales ou privées, forment une caste au sens fort du terme, s'autoproclament «élites» et nourrissent la pensée dominante, qui est évidemment au service des intérêts des groupes dominants. Ils sont généralement très proches des riches, les fréquentent, dînent ensemble, passent leurs vacances dans leurs palaces ou leurs palais, utilisent leurs bateaux ou leurs avions, etc. Ces relations incestueuses, comme on a pu les nommer, nourrissent pour une bonne part la méfiance populaire.

Bien des journalistes appellent «analyse» ou «décryptage» la copie mot à mot de papiers fournis par des agences de communication à l'avantage ou même la gloire de ceux qui les ont dûment payés.

«Nous traversons un moment de régression généralisée où la pensée réactionnaire est en position dominante, même si les nantis de l'hégémonie culturelle, qui tiennent aujourd'hui le haut du pavé, continuent évidemment à se présenter comme luttant héroïquement conte le conformisme intellectuel.» [xix]

L'appartenance à des réseaux

Ces réseaux peuvent être simplement des Amicales d'Anciens élèves de telle ou telle école. On connaît par exemple l'importance de l'A X, organisation des anciens élèves de l'École Polytechnique ou celle de son journal, *La Jaune et la Noire*. De façon plus informelle, ce peuvent être des réseaux d'anciens membres de formations politiques, auxquelles on adhère de fait, à vie, par exemple des formations trotskistes. Ce peuvent être des liens entre des membres de telle ou telle écurie liée à un homme politique influent. Ou des réseaux encore plus discrets tels que la Franc-maçonnerie.

Ce peuvent être tout simplement les relations nouées dans des clubs privés, tels le Jockey Club.

Souvent ces réseaux pratiquent «l'entrisme», c'est à dire cherchent à occuper des postes de responsabilité dans les rouages de l'état et des grandes organisations. C'est la force des groupuscules politiques. Ensuite c'est, comme on dit populairement « à charge de revanche ».

Il faut signaler, en France, l'importance des partis politiques et des syndicats. Au milieu du 20° siècle, par exemple, le parti communiste, Le Parti ! était une voie quasi obligatoire dans certaines professions intellectuelles. Il a certes perdu de sa superbe, au profit d'autres, mais les cabinets ministériels restent un passage qui *booste* les carrières

Sans tomber dans le conspirationnisme exacerbé, il ne faut pas sous-estimer le pouvoir de ces réseaux.

Ils sont d'ailleurs, parfois, totalement informels. «Depuis la révélation des faits, en avril 2015, elle bénéficie du soutien d'une partie de la haute administration culturelle, qui pousse à l'indulgence compte tenu de ses états de service... Un recours gracieux contre sa sanction devrait être d'ailleurs prochainement déposé. »[xx] A propos d'une haut fonctionnaire, qui, bénéficiant d'une voiture de fonction, avait cependant en quelques mois accumulé des frais de taxi à hauteur d'une trentaine de SMIG mensuels. Ah! l'entourage !

L'abus de rentes de situation

La France pays d'habitants qui rêvent d'être rentiers ou à défaut fonctionnaires (ce qui n'est pas sans similitudes) est organisée (restes du colbertisme et du Premier empire) de façon à minimiser les risques pris dans des professions à risques et dont les bénéfices devraient être fonction de ce risque. Exemple, l'agriculture, métier à haut risque puisque l'on joue avec les aléas climatiques. Mais l'idéal en France est de privatiser les bénéfices et de nationaliser les pertes. Autrefois pays très riche, devenu puissance moyenne, s'enfonçant dans des déficits abyssaux, elle a tout pour devenir économiquement un pays en voie de sous-développement. Elle en a déjà les caractéristiques sociales, les parasites l'emportant en poids politique sur les créateurs.

Ces rentes de situation se trouvent à tous les niveaux.

« C'est vrai aussi... m'explique le boucher... Si on n'avait pas les pauvres pour les bas morceaux, on ne gagnerait pas assez sur une bête... Mais ils sont exigeants maintenant, ces bougres-là ! » [xxi]

Un désir insatiable de s'enrichir encore

> *La richesse est comme de l'eau salée : plus on en boit, plus elle altère ; il en est de même aussi de la gloire.*
> A. SCHOPENHAUER.

Ce désir étonne même ceux qui les fréquentent assidûment. Un escroc français, ayant séjourné quelque temps dans une prison américaine, puis revenu en France, est interviewé à la Télévision. Comme on lui demande comment il s'y prend, il répond que les riches étant aveuglés par le désir de s'enrichir encore, il est facile de leur promettre la lune et de leur faire croire qu'ils pourront la décrocher, moyennant une mise de fond, évidemment. Mise de fonds qu'il empoche, non moins évidemment.

Confidences
- **Épatant, hein!... Mon cher, celle qui fait ça, me gagne 30 fr. par jour...**
- **Et vous la payez ?**
- **Trente sous.**

Légende d'une caricature de LEFÈVRE. *L'Assiette au beurre.* 1900.

Un égoïsme forcené

> *S'ils n'ont pas assez de pain dans le ventre, nous y mettrons des baïonnettes.*
> Baron Tripeaud, banquier, in E. Sue, *Le Juif errant.*

«... les expériences menées par Paul Piff (Berkeley) ... indiquent que le comportement des personnes à hauts revenus peut être franchement antisocial. Piff montre ainsi que les conducteurs de voitures puissantes laissent moins souvent passer les piétons que les autres, que les personnes aisées prennent deux fois plus de bonbons dans un bol laissé sans surveillance, ou encore qu'ils trichent aux dés.

Dans une autre expérience, Piff permet à un joueur de Monopoly de lancer deux fois plus souvent le dé que les autres. Bien sûr, ce joueur gagne, mais ce qui est intéressant c'est qu'il va s'attribuer le mérite de sa victoire ! Après avoir compté ses billets, manipulé les cartes, le joueur a le sentiment que c'est lui qui a gagné, et non pas les règles qui l'ont favorisé. Il souhaite donc garder ses gains pour lui. » [xxii]

L'utilisation de sophismes pour justifier leurs actes

Consolez-vous, mon ami, la misère individuelle consolide la prospérité nationale

Légende d'un dessin de DELANNOY. L'Assiette au beurre. 1910.

Une caricature d'EUGÈNE CADEL en1902. parue dans l'*Assiette au beurre*, montre une gamine mendiant auprès d'un riche bourgeois. Celui-ci refuse en disant : «Passez vote chemin, mon enfant, la mendicité est une honte pour la capitale du monde intellectuel !»

«On invente mille prétextes pour s'exempter de les secourir. Faire l'aumône à un mendiant, c'est favoriser le vagabondage et la fainéantise.

- A-t-il faim, est-il nu?
- qu'il travaille.
- Mais c'est un vieillard !
- à tout âge, il y a des moyens de s'occuper.
- C'est un enfant
- gardez- vous de l'entretenir dans l'oisiveté; on ne saurait com battre trop tôt les habitudes vicieuses.
- C'est une mère chargée d'une nombreuse famille;
- elle le dit, mais dit-elle vrai ? Avant de la gratifier magnifiquement de liards, il faudrait s'informer, on n'en a pas le temps.
- Cet autre désire du travail, en cherche et n'en trouve point; _ - c'est peut-être qu'il a mal cherché; au reste on y songera. Écouter ces gens-là, c'est nuire au bon ordre, c'est leur nuire à eux- mêmes, c'est encourager la faim. » [xxiii]

Dans un certain nombre de cas, il ne s'agit plus de sophismes, mais bel et bien de mensonges.

> **- C'est donc bien long d'avoir ces fameux papiers pour notre mariage ?**
> **- Pour sûr et le plus difficile c'est que mes parents se sont mariés dans le 14° arrondissement, du temps qu'il n'y en avait que treize.**

Légende d'une gravure de A. GUILLAUME, *Le Rire,* 1910.

Et même de calomnies, comme dans le cas de ces cancers dus à l'amiante et attribués à l'abus d'alcool.

> **L'ARMATEUR AU PÊCHEUR.**
> **Vous vous êtes blessé à bord d'un de nos navires? C'est que vous étiez saoul.**

Légende d'un dessin de HUARD. *L'Assiette au beurre*. 1903.

Faites ce que je dis, pas ce que je fais

«Nous connaissons aussi par Plutarque une loi de Sylla inspirée par le même esprit et qui défendait aux sénateurs d'emprunter au delà de 2000 drachmes. Plutarque remarque qu'en mourant Sylla laissa près de 4 millions de dettes.» [xxiv] . Précisons que Sylla fut un dictateur sanglant et que ses proscriptions sont restées célèbres. (Proscription = Condamner à mort sans forme judiciaire et en publiant simplement par une affiche le nom des condamnés. Hors la loi, les proscrits pouvaient être tués par n'importe qui. Sylla proscrivit trois ou quatre mille citoyens romains. Wikipédia.)

De nos jours, mais moins grave. *Apprendre et oser. Au XXIe siècle, le business fait l'histoire,* titrent deux auteurs : B. RAMANANTSOA et T. R. BROWNING. Un des auteurs, selon Wikipédia, a été Directeur d'école durant 25 ans. Statut de fonctionnaire, paie satisfaisante, retraite assurée... Voilà une carrière où, pour réussir, l'on doit oser tous les jours ! Quant à enseigner l'audace, les résultats sont minces : « Soit un taux estimé de 1,43% de jeunes diplômés créateurs d'entreprise.» [xxv] Mais çà se vend. N'est-ce pas l'essentiel ?

Le mépris des subalternes

A partir d'une certaine position sociale, tout se passe comme si les subalternes et particulièrement autrefois les domestiques ne faisaient pas partie des êtres humains. Ce sont des meubles ou des robots, et il n'y a aucune raison de se gêner devant eux. Bien des romans nous montrent des femmes du monde nues devant leur valet de chambre : ce n'étaient pas des hommes. Bien des caricatures aussi.

«Amidor avait pour le mot de donner une aversion insurmontable ; et quand il voulait témoigner sa reconnaissance à un artisan, ou un domestique qui lui avait rendu service : Faites-moi souvenir, lui disait-il, de vous promettre quelque chose.» [xxvi]

Ce mépris peut se cacher derrière la politesse des formes.

- Sauf la légère différence qui provient de la naissance, de la fortune et de l'intelligence, nous somme égaux, vous comprenez, père Tiphaine
- Oh oui, Monsieur le Baron

Légende d'un dessin de HUARD, *Le Rire* 1904.

Il peut simplement traduire une forme aiguë d'indifférence.

L'officier.
Ah ! Ah! vos pieds sont enflés. Continuez la marche, je vous dispense de chaussures.

Légende d'un dessin de WILLEMOT, Le Rire, 1911.

Il peut aussi prendre des formes extrêmement grossières.

L'armateur aux femme de pêcheurs.
Des nouvelles, je n'en ai pas, mais vous pouvez toujours faire dire des messes.

Légende d'un dessin de HUARD. *L'Assiette au beurre* 1903.

Une culture décadente

Un reproche non moins fréquent est celui de la décadence. Il était déjà formulé sous l'empire romain... du temps de sa propre décadence. Les incroyables richesses accumulées à Rome par le pillage du monde occidental et le commerce inégal avec le monde oriental, avaient littéralement pourri la société romaine. Régulièrement et déjà sous la république on édictait des lois contre l'ostentation de la richesse (toilettes des femmes, auxquelles il était interdit de porter plus de tel grammage d'or, banquets, etc.), lois fort peu suivies.

Ces lois somptuaires étaient prises au nom des « valeurs de la république», (expression qui a traversé les siècles !) pour lutter contre la « décadence» malgré une invraisemblable corruption atteignant surtout, comme d'habitude, les classes sociales les plus élevées.

Ces lois somptuaires étaient évidemment tournées. «Il y a là un trait de mœurs curieux et qui montre comment les rigueurs du vieux droit classique étaient éludées en fait par les femmes riches. Ont-elles recueilli un héritage, dit Caton, elles en retiennent une partie par devers elle, qu'elles prêtent ensuite à leur mari dont elles deviennent les créancières. Puis quand elles croient avoir à se plaindre de lui, elles envoient un esclave particulier poursuivre leur mari, comme elles feraient d'un débiteur ordinaire.» [xxvii]

Cette décadence se retrouve aux époques où une classe dominante atteint la fin de sa course, a perdu la foi dans son destin triomphant et ne sait plus que dépenser sottement la richesse accumulée par ses aïeux. HUYSMANS, dans son roman *A Rebours,* met ainsi en scène un personnage qui orne de pierres précieuses la carapace d'une tortue. Celle-ci en meurt d'ailleurs !

Le snobisme

L'étymologie de ce mot n'est pas sûre. Une hypothèse le fait dériver de la mention s. nob (sine nobilitate = non noble), qui aurait suivi certains noms dans les annuaires des universités prestigieuses du Royaume-Uni. Cela signe en tout cas une des caractéristiques des snobs : compenser certains manques par une affectation de différence dans d'autres domaines.

«Savez-vous comment des historiens ont pu dire avec exactitude que la fausse Anastasia était un imposteur ? Elle faisait trop de manières, elle était hautaine, elle était snob. Elle était connue pour faire de l'esbroufe. On dirait aujourd'hui qu'elle était dans le Bling-bling. Les Russes Blancs, qui avait connu les enfants du Tsar et parmi eux la vraie Anastasia, disaient que les enfants du Tsar étaient des gens simples et chaleureux envers quiconque.» [xxviii]

Les magazines *people* ne diraient pas mieux.

«- Que ce soit ultra-chic, recommanda Mme Charrigaud, et qu'on ne reconnaisse rien de ce que l'on servira. Des émincés de crevettes, des côtelettes de foie gras, des gibiers comme des jambons, des jambons comme des gâteaux, des truffes en mousse et des purées en branches... des cerises carrées et des pêches en spirale... Enfin tout ce qu'il y a de plus chic...

- Soyez tranquille, affirma le restaurateur. Je sais si bien déguiser les choses que je met au défi quiconque de savoir ce qu'il mange... C'est une spécialité de la maison. » (O. Mirbeau)

Il n'y a pas que les riches à être snobs. Bien des intellectuels aux revenus limités le sont aussi. Et de même pour bien des « communicants ». Mais l'affectation dans certains domaines, tels que la culture, est particulièrement agaçante chez les riches qui pensent que leur argent peut tout compenser même le manque de compétence, de goût et parfois d'intelligence. Cf. les collections d'art de certains milliardaires. Leur excuse est qu'il s'agit en fait de pure spéculation, mais il ne faut pas le dire ! Dans bien des cas, il s'agit clairement d'une variété de pyramide de Ponzi.

Une vulgarité de nouveaux riches

Un autre reproche constant est fait, depuis l'antiquité, et pas seulement aux « nouveaux riches», celui d'une extrême vulgarité.

Et il est vrai que dans bien des domaines, le luxe est synonyme de « tape à l'œil», de « m'as-tu-vu», de « bling-bling», dit-on de nos jours. L'on en arrive, par exemple, au paradoxe que de très belles pierres précieuses serties par des artisans très compétents ne donnent que des bijoux très laids. Et que la célèbre montée des marches du Festival de Cannes soit souvent un festival de mauvais goût vestimentaire. Certes, les tissus sont de qualité, la coupe irréprochable et les finitions impeccables, mais...

Mais il est probable que cette vulgarité a toujours existé, car le goût c'est faire des choix et s'imposer des restrictions. Et le péché des riches, c'est l'accumulation.

Et généralement, snobisme et vulgarité vont de pair.

Le snob au peintre
Faites moi donc quelque chose dans les tons verts. Le sujet m'est égal. C'est pour aller dans un salon mauve.

L'Assiette au beurre. 1901

Le goût des colifichets

> *Il aime la gloriole, le pompom, l'aigrette, la broderie, les paillettes et les passequilles, les grands mots, les grands titres, ce qui sonne, ce qui brille, toutes les verroteries du pouvoir.*
> VICTOR HUGO, *Napoléon le Petit.*

> *Un homme comme Bonaparte, soldat, chef d'armée, le premier capitaine au monde, vouloir qu'on l'appelle Majesté !... Être Bonaparte et se faire Sire !... Il aspire à descendre... mais non, il croit monter en s'égalant aux rois. Il aime mieux un titre qu'un nom. Pauvre homme, ses idées sont au dessous de sa fortune.*
> P.L. COURIER, *Lettres.*

Légion d'honneur, officier des arts et des lettres, palmes académiques, nom à particule sans vraie noblesse, double prénom ronflant, Académie française et son habit ridicule, etc. Mais aussi, pour l'autre sexe, collier de perles, foulard Hermès, robe de chez Machin, foulard de chez Truc, etc.

Dans son roman *Le nabab*, A. Daudet met ainsi en scène on nouveau riche qui dépense une fortune pour obtenir La Légion d'honneur. Il est vrai que le second Empire est une des époques exemplaires du mauvais goût triomphant.

> **Vous agrandirez ma légion d'honneur.**
> **Je paierai pour çà.**

dit un nouveau riche posant devant un photographe. CLÉMENT. *L'Assiette au beurre*. Vers 1900.

Le goût des flatteries

> *Ceux qui louent les riches... ne sont pas seulement de vils flatteurs, des esclaves lâches et rampants. Ce sont aussi des impies car la louange appartient seule à Dieu... Ils font plus encore, ils la prostituent à des hommes livrés à la fougue de leurs passions, qui n'ont d'autre récompense à attendre de la divine Providence que la punition de leurs crimes : les richesses seules suffisent pour amollir, corrompre et détourner de la voie du salut ceux qui ont le malheur de les posséder. Les flatteurs le savent et ils entretiennent les riches dans leur folie... ils ajoutent ainsi la flamme à la flamme, l'orgueil à l'orgueil, le poison de la flatterie au poison de l'or.*
> SAINT CLÉMENT D'ALEXANDRIE.

Un journal quotidien français se croit obligé lorsqu'il cite le nom de ses principaux actionnaires à propos de ci ou de çà, d'ajouter entre parenthèses : actionnaire du journal à titre personnel. C'est insister, assez sottement, sur le fait que le dit journal n'est pas possédé par une société de rédacteurs indépendants, mais par des capitalistes milliardaires. Ce n'est pas de très bonne communication, mais si cela fait plaisir auxdits actionnaires, c'est le principal ! Après tout, le nombre de lecteurs est secondaire. Les subventions y pourvoiront.

Le même quotidien salue du titre d'*Imperator* le dirigeant d'une grande entreprise française. Un *imperator* était chez les romains un magistrat titulaire de l'*imperium,* pouvoir suprême de commandement militaire et civil, avec une connotation religieuse. Les emblèmes associés à l'*imperium* étaient les suivants : la toge pourpre, la chaise curule, les faisceaux de verges et la hache portés par les licteurs, traduisant son droit de vie et de mort sur tout Romain. (Wikipédia). [xxix]

Le gaspillage

On reproche aussi aux riches leur gaspillage, de « jeter l'argent par les fenêtres ». Et les menus de certains banquets de l'empire romain, ou de grands restaurants actuels laissent effectivement rêveur. Mais l'ostentation, croient certains, est aussi le signe de la réussite. L'envahissement de Paris par d'énormes voitures conçues pour la brousse, qui sont si commodes pour les membres des ONG pour aller à la plage, en est un exemple. Il est vrai que cela permet de se garer aisément sur les trottoirs. Sans compter ces bateaux de croisières qui ne quittent jamais leur amarrage.

> **- Chaque année, on abat une forêt comme çà pour l'Assistance publique.**
> **- Pour chauffer les pauvres?**
> **- Non, pour chauffer les bureaux des fonctionnaires. Le reste on le brûle en plein air.**

Légende d'un dessin de M. RADIGUET, *L'Assiette au beurre,* 1908.

Un homme politique français s'est ainsi fait connaître parce qu'il s'est flatté de porter une montre qui donne l'heure exacte du lever du soleil sur Saturne et sur Vénus. Cela peut être effectivement utile à un homme politique qui, par ailleurs, ignore probablement le prix du passe Navigo ! Mais ses communicants le savent, eux, ce qui suffit amplement.

La paresse

Enfin, on reproche aux riches et surtout à leur famille d'être paresseux, de vivre aux crochets de la population laborieuse et de transformer en jeu ce qui est un dur labeur pour ceux qui travaillent vraiment. C'est ainsi que vers 1900, le Petit Écho de la mode montre deux « glaneuses » luxueusement habillées, probablement en vacances sur leurs terres.

L'ignorance

Nous prendrons comme exemple une caricature de OSTOYA (*Le Rire*, 1912.) représentant un couple de touristes visitant Rome. Devant eux, une inscription : SENATUS POPULUSQUE ROMANUS.

- La femme. «Qu'est-ce que çà veut dire ?»
- La mari. «Probablement : Défense de jeter des ordures.»

La connaissance du latin s'étant un peu perdue depuis un siècle, on peut préciser que l'inscription : *Senatus populusque romanus* veut simplement dire : Le sénat et le peuple romain . C'était l'emblème de la république romaine. Souvent abrégé en SPQR. A l'époque de la caricature, la connaissance de ce sigle était un des ponts aux ânes d'une certaine culture.

Autre pont aux ânes, mais contemporain. Une ministre de l'Éducation nationale écrit : « Grâce à X, nous savons qu'il y a deux alternatives possibles à notre réforme : la première, c'est le statu quo ; la deuxième, c'est ce qu'il propose. » [xxx]

L'auteur semble ignorer qu'une alternative comprend deux termes. C'est ainsi qu'un forme de courant électrique est dit alternatif, parce que contrairement au courant continu, ses polarités s'inversent régulièrement et donc… alternent. Dans le langage journalistique si souvent fautif, alternative a pris le sens de possibilité, d'une seule. Et donc lorsqu'on offre un choix, on propose deux alternatives. Mais ça c'est bon pour les journalistes de la TV d'État, payés par une redevance obligatoire, que vous regardiez leurs mauvais programmes ou non.

On s'étonne un peu, non point qu'une ministre fasse des fautes de français, (elle est là pour "faire joli" sur la photo) mais que le ministère de l'Éducation nationale ne dispose même pas des agrégés de lettres classiques qui pourraient corriger ses fautes et lui apprendre « le rudiment ».

Mais P. L. Courier le disait déjà au 19° siècle : «les gens qui savent le grec sont cinq ou six en Europe ; ceux qui savent le français sont en bien plus petit nombre.» [xxxi]

Un ancien président de la république: «Je relisais ce magnifique livre de Victor Hugo, 1793. L'école fut la 1ere décision dans la République.» La réplique ne se fit pas attendre sur les réseaux sociaux : «.@NicolasSarkozy Le vrai titre est "Quatre-Vingt-Treize". C'est écrit sur la couverture.»

Oui, mais s'il fallait jeter même un simple coup d'œil sur la couverture des livres qu'on cite, on n'en finirait pas !

L'hypocrisie

> **- Non, le patron ne veut pas m'augmenter. Mais il m'a dit que tu ailles voir sa femme. Elle, qui n'a eu qu'un enfant, pourrait te donner de bons conseils.**

Légende d'une gravure de J. PLUMET. *L'Assiette au beurre. 1900.* La gravure représente un couple et la femme est manifestement enceinte.

Dans un autre genre. La publicité est interdite en France pour les boissons alcoolisées, mais une loi récente va permettre «*l'information œnologique*», c'est à dire, en fait, de vanter les bienfaits du pinard pour lutter contre les hépatites éthyliques!

Un vernis de charité chrétienne ou d'humanisme

> *Le mépris des biens extérieurs les portait à se dépouiller de leurs richesses mais leurs vices et les troubles de leur esprit trouvaient dans ce sacrifice volontaire un nouvel aliment. Ils devinrent plus orgueilleux et regardèrent avec dédain le reste des hommes, comme s'ils eussent fait quelque chose qui fût au-dessus des forces de l'humanité.*
> CLÉMENT D'ALEXANDRIE.

Une fois milliardaire, on devient philanthrope. Autrefois, les femmes faisaient la charité et visitaient leurs pauvres. Enfin pas toutes, et bien des riches s'exemptaient de faire l'aumône.

A l'orphelinat
Madame trouve ce jupon trop cher. Madame a tort. C'est un travail admirable qui a coûté la vue à deux de nos chères enfants. D'ailleurs je suis sûre que les messieurs de Madame sauront apprécier.

Assiette au beurre. 1904. Signature illisible.

Maintenant, les riches fondent des hôpitaux à l'autre bout du monde, mais continuent d'ignorer ou de fustiger la misère voisine.

«Les États-Unis ont déjà connu ça à la fin du XIXe siècle, avec la révolution industrielle : des personnes comme John Davison Rockefeller ou Henry Ford ont fait des fortunes titanesques en une génération. La question qui se pose alors à eux après de telles réussites, c'est : « Que va-t-il rester de moi dans l'avenir ?

«On attribuait à Rockefeller tout un tas de méfaits, il était considéré comme quelqu'un de très violent économiquement parlant. Il a créé sa fondation, et 100 ans plus tard, on se rappelle de lui comme d'un bienfaiteur de l'humanité. L'action philanthropique est la meilleure façon de se "blanchir" pour la postérité. Mark Zuckerberg est un jeune type qui a inventé Facebook, a bâti une fortune, et est suivi par 1,5 milliard de personnes. Pour lui, la prochaine étape c'est : "Je donne au monde cette organisation qui me survivra. " xxxii

« En faisant ce don à sa « fondation », il conserve cet important pouvoir politique que lui confère sa fortune, et ce pouvoir d'influence sur la chose publique, énorme par rapport à celui de n'importe quel autre citoyen. Et en plus, il évite de payer de l'impôt. Ce geste a donc des effets charitables évidents, mais il nous rappelle aussi qu'il faut distinguer la charité et la justice.

Ces génies se pensent porteurs d'une véritable mission sociale, qui ignore complètement le rôle que devrait jouer la démocratie en matière de redistribution des richesses. »xxxiii

Voici un autre exemple dans l'univers romanesque, qui, comme chacun sait, est de pure fiction, sauf coïncidence non voulue.

Dans le roman *Les privilèges,* J. Dee met en scène, un jeune couple. Le mari fait dans la finance, y gagne bien sa vie puis se mets à boursicoter en franchissant consciemment et allègrement le délit d'initié. Il devient très riche au point de ne pas trop savoir que faire de son argent. Puis, par prudence, il liquide son business, rapatrie sans trop de problèmes ses comptes off-shore et avec l'accord de sa femme se lance dans la philanthropie et crée une fondation, tout en continuant à gérer un fonds financier. Sa fille se drogue manifestement et lorsqu'elle a des problèmes, on lui envoie l'avion familial, on mobilise une cellule de crise, et tout rentre dans l'ordre. L'Ordre Moral, évidemment. Ce qui est caractéristique des gens de ce milieu, c'est que tout, à leur avis, se règle avec de l'argent.

> **Le propriétaire n'a pas le temps de s'occuper de vous.**
> **Il s'occupe de ses œuvres de bienfaisance.**

Légende d'une gravure de LÉON WILLETTE, L'Assiette au beurre, 1900.

De plus beaucoup de philanthropes ont gardé des caractéristiques psychologiques de leur passé, et particulièrement un mépris glacé pour l'objet de leur œuvre;

> **Sauvetage de l'enfance**

Dans un dessin de MIRANDE paru dans *l'Assiette au beurre* de 1902, on voit deux gamins tenter d'atteindre en vain la sonnette de cette institution. Malheureusement, elle est placée trop haut pour des enfants. Elle est placée là, pour les bienfaiteurs et à leur usage exclusif.

Cependant, et à juste titre, certains auteurs ne s'en prennent pas à la mentalité des riches, mais au système qui organise la pauvreté.

A. FRANCE : « Je tiens la pitié du riche envers le pauvre pour injurieuse et contraire à la fraternité humaine. Si vous voulez que je parle aux riches, je leur dirai Épargnez aux pauvres votre pitié ils n'en ont que faire. Pourquoi la pitié, et non pas la justice ? Vous êtes en compte avec eux. Réglez le compte. Ce n'est pas une affaire de sentiment. C'est une affaire économique. Si ce que vous leur donnez gracieusement est pour prolonger leur pauvreté et votre richesse, ce don est inique et les larmes que vous y mêlerez ne le rendront pas équitable. (...) Vous donnez un peu pour garder beaucoup, et vous vous félicitez.» [xxxiv]

Un intérêt pour autrui de l'ordre du voyeurisme

La famine aux Indes

Légende d'une gravure de L. WILLETTE représentant des hindous fort amaigris photographiés par un couple. L'homme porte un casque à pointe et tient une badine; la femme un chapeau de paille style Conquête de l'ouest.

Des subalternes durs, prétentieux et malhonnêtes

Mais tout autant, ou plus encore que les riches eux-mêmes, leurs subalternes, leurs valets, leurs instruments, sont ressentis comme durs ou méchants.

Le contre maître. **Et pas de rouspétance père Huntell. Tu commences à être d'un âge ou un ouvrier n'a plus le droit de crâner.**

Légende d'un dessin de MALTESTE. *L'Assiette au beurre*, 1906.

Ces sentiments vont parfois jusqu'à la haine. C'était le cas autrefois des gardes chasse, ce l'est de nos jours des huissiers, entre autres.

Mais selon le syndrome de Stockholm, la moindre tolérance de leur part est ressentie avec gratitude.

Comme ça, je ne vous doit plus rien ? **Ah! si tous les huissiers étaient comme vous !**

Légende d'une gravure de FORAIN. *L'Assiette au beurre*. 1900. La gravure représente une jeune femme au sortir du lit et un homme à la mine rébarbative.

Certains, qui ne sont pas directement sous les ordres des riches, sont cependant ressentis comme à leur service. Ou à celui de la société, ce qui est vécu comme du pareil au même. Et évidemment profitent de leur pouvoir.

LES SOUTIENS DE LA MORALE
Viens donc ! on te relâchera après...

Légende d'un dessin de ROUBILLE, *L'Assiette au beurre,* 1905. La scène représente deux agents de police entraînant une prostituée.

Le capitalisme apatride

Tout aussi vilipendés sont les riches anonymisés des monopoles, des grandes sociétés internationales, des très grandes banques. Ce qu'on appelait autrefois le capitalisme apatride, ce qu'on appelle de nos jours, le capitalisme financier. Mais aussi certaines administrations qui ont fait leur, le pouvoir régalien dont elles disposent en principe par délégation.

«Deux siècles après la Révolution française et l'abolition des privilèges, une nouvelle forme de féodalité s'est installée, plus discrète, plus sournoise, mais tout aussi injuste et contraignante, celle de la puissance financière. Elle est portée par un système économique et politique, le capitalisme néolibéral qui n'a fait qu'accentuer les inégalités et accroître les richesses et les pouvoirs d'un petit groupe de privilégiés.

Certes, on nous propose une abondance des biens et de services dans une sorte de course en avant et de surenchère permanente à la nouveauté. Peu importe si le besoin n'existe pas. L'artillerie lourde de la publicité est là pour capter l'attention des cerveaux et rendre indispensable demain, ce qu'hier le consommateur n'avait même pas essayé d'imaginer. Mais seule une partie de la population peut accéder aux cavernes d'Ali Baba du consumérisme.

La recherche de toujours plus de profit pour les détenteurs de capitaux conduit à des salaires tirés vers le bas, au chômage et à la précarité. Ceux qui se trouvent écartés, marginalisés et privés de l'essentiel, sont de plus en plus nombreux. Comme si leur misère ne suffisait pas, ils sont culpabilisés : "c'est de leur faute s'ils sont inadaptés au monde d'aujourd'hui".» [xxxv]

L'utilisation intensive du lobbying

Les différents secteurs de l'industrie et du commerce sont organisés en groupes de pression, qui utilisent *think tank* et *lobbyistes* pour promouvoir leurs idées c'est à dire leurs intérêts. Il y en aurait plusieurs milliers à Bruxelles, centre de décision des affaires européennes. Il y en a aussi pas mal sur les plateaux de télévision, qui se font passer pour des experts et même des intellectuels.

En face, les citoyens ordinaires, les consommateurs, sont bien démunis. Et les *class actions* sont toujours très encadrées.

« D'abord, l'industrie financière emploie 1 700 lobbyistes à Bruxelles, soit quatre fois plus que les fonctionnaires européens travaillant sur les questions de régulation financière. Ensuite, les rencontres entre lobbyistes de la finance et membres des institutions européennes sont sept fois plus nombreuses que celles entre ces officiels et les représentants des syndicats, ONG et associations de consommateurs. » [xxxvi]

L'utilisation de la Presse et d'internet

La plupart des groupes de presse sont détenus par des milliardaires et non, évidemment, par des coopératives ouvrières. On sait par ailleurs l'étonnante proximité des hommes politiques et des journalistes. Tout ceci donne une étrange impression de collusion entre les différents pouvoirs. « *Tous pourris* » est un slogan qui traverse l'histoire... et la géographie !

Quant aux sites, blogs et autres créations qui fleurissent sur Internet, personne ne peut dire qui est derrière ou qui manipule qui. Une chose est certaine : un bon référencement sur les moteurs de recherche coûte fort cher et est donc réservé aux puissances financières.

De riches fournisseurs arrogants

Autrefois, dans les maisons bourgeoises, il y avait un escalier des fournisseurs de façon à ne pas « mélanger les torchons et les serviettes ». C'est devenu rarissime.

La plupart des fournisseurs, eau, gaz, électricité, téléphone, Internet, alimentation, sont, de nos jours, de très grosses entreprises souvent en situation de monopole.... ou d'entente avec leurs concurrents. Et ce sont les fournisseurs qui sont rois, et non plus le client. Ils imposent, comme les banques, ce qu'ils appellent des « *packages* », c'est à dire des contrats léonins, dont on ne peut discuter ni les termes ni le contenu.

Et si vous avez une réclamation à faire ou une panne à signaler, vous prenez vite conscience que vous êtes bien peu de chose et que d'ailleurs la panne, toutes les pannes, sont de votre faute. Défaut d'utilisation remplace de plus en plus défaut de fabrication. « Cochon de payant », disait-on autrefois.

Des enfants mal élevés

En français courant *gosse de riches* est une injure et signifie mal élevé, sinon odieux. Peut-être pas sans raisons.

Le thème a tété exploité, entre autres, dans le film de Francis Weber, *LE JOUET,* sorti en 1976. Un gosse de riche est amené dans un grand magasin pour y choisir un jouet durant la fermeture. Et il choisit comme jouet un jeune étalagiste, auquel on fait comprendre qu'il n'a qu'à s'exécuter. C'est mieux que Pôle Emploi, après tout !

> **- Ça ne t'amuse pas ?**
> **- C'est des affaires de gosse, j'veux un revolver.**

Légende d'une caricature de POULBOT, *Le Rire,* 1910. Elle représente un enfant face à des jouets qu'on vient de lui donner.

Les qualités que les riches s'attribuent

> *Il n'est donc pas nécessaire à un prince d'avoir toutes les qualités (...) mais de paraître les avoir. Et même, j'oserais bien dire que s'il les a et les observe, elles lui porteront dommage; mais faisant semblant de les avoir, alors elles seront profitables*
> MACHIAVEL, *Le Prince.*

Ces qualités sont liées soit à leur statut social, soit à leur fortune, soit aux capacités personnelles hors du commun qui leur ont permis de s'enrichir.

A. DE GOBINEAU : « Quand le conteur arabe prêtant la parole à son héros, débute dans ses récits par ... "Je suis fils de roi", il ne se trouve pas une seule fois sur plus de cent où le personnage ainsi présenté soit autre chose, quant à son extérieur, qu'un pauvre diable fort maltraité de la fortune.

« C'est parce que, en prononçant ces paroles, le narrateur établit du premier coup... qu'il est doué de qualités particulières, précieuses, en vertu desquelles il s'élève naturellement au dessus du vulgaire.

« Cela signifie "je suis d'un tempérament hardi et généreux, étranger aux suggestions ordinaires des naturels communs. Mes goûts ne sont pas ceux de la mode; je sens par moi-même et n'aime ni ne hais d'après les indications du journal. L'indépendance de mon esprit, la liberté la plus absolue dans mes opinions sont des privilèges inébranlables de ma noble origine; le Ciel me les a conférés dans mon berceau, à la façon dont les fils de France recevaient le cordon du Saint Esprit." » [xxxvii]

Et de nos jours, si telle personne fait savoir qu'elle est sortie de tel collège suisse, de Eton, de Harvard, de l'ENA ou de l'X, elle établit de ce fait une supériorité essentielle, quasi ontologique.

Généralement, ces caractéristiques personnelles et sociales forment un tout et se confortent mutuellement. Les écrivains en sont en partie responsables. C'est ainsi que noble qui signifie d'abord un statut social, et n'implique de qualités particulières, ni physiques, ni intellectuelles, ni morales, a dans de nombreux cas, le sens de beau si l'on parle d'un visage, d'une expression, d'un maintien, etc. Ou d'élevé si l'on parle de pensée... De même, aristocratique s'oppose à populaire, avec le sens d'élégant, de raffiné...

D'autre part, il y a une sorte de contamination, plus populaire cette fois. Les princesses sont jolies, par définition. Les *people* sont élégantes. par principe. La naissance ou l''argent forcent l'admiration et le respect !

Les riches eux-mêmes pratiquent cette contamination. Après tout, le résultat est là : ils sont riches et il y a obligatoirement des bonnes raisons à cela.

O. MIRBEAU : «Ton père a des défauts... de grands défauts... Je suis la première à en souffrir et à les lui reprocher... Il est vaniteux... gaspilleur... insolent... inconsidéré... menteur... oui, il est menteur... et fou aussi quelquefois... c'est possible... Il renie souvent sa parole ?... il aime à tromper les gens ?... Dame !... dans les affaires !... Mais c'est un honnête homme... entends-tu ?... un honnête homme... Et quand même il ne le serait pas ?... quand même ce serait le dernier des derniers... est-ce que cela te regarde ?... Ton père est ton père... ce n'est pas à toi à le juger...

GERMAINE, froidement.

À qui donc alors ?

MADAME LECHAT

... Et sache que sa fortune ne doit rien à personne... à personne... Est-ce clair ?... Sa fortune... il l'a gagnée en travaillant... Il a eu de la chance... il a été servi par les événements... je le veux bien... mais il a eu encore plus d'adresse et de courage... S'il a fait deux fois faillite... n'a-t-il pas obtenu son concordat ?… S'il a été en prison… eh bien… quoi !… ne l'a-t-on pas acquitté ?… Ah ! il a eu de rudes moments, le pauvre garçon… D'autres, moins énergiques, se fussent brûlé la cervelle… Lui, pas… À chaque chute, il s'est relevé pour gagner davantage… et atteindre plus haut… Il a fondé un grand journal… lui qui savait à peine écrire… Enfin… voyons… si ton père était une canaille… est-ce qu'il serait l'ami d'un ministre !…» [xxxviii]

Un statut social à part

> *O Meliboee, deus nobis haec otia fecit.*
> Ô Mélibée, un Dieu nous a donné cette oisiveté.
> VIRGILE, *Bucoliques.*

On connaît cette répartition en trois classes que G. DUMÉZIL pensait retrouver chez tous les peuples indo-européens : prêtres, guerriers et travailleurs manuels. On la retrouve bien, en effet dans la France d'avant la révolution, où comme dans la Grèce ou la Rome antiques, le travail était considéré comme avilissant et donc faisait déroger, c'est à dire privait des (nombreux) privilèges et des (quelques) charges liés au statut de noble.

Cette idée persiste au 19° siècle et les personnages des romans de Balzac hantés par l'argent et la nécessité absolue d'être riches, ne pensent guère au travail comme moyen d'y parvenir. L'idée même ferait sans doute sourire un Rastignac.

De nos jours, même les riches travaillent ou en donnent l'apparence. Peut-être même un jour faudra-t-il être riche pour trouver du travail. C'est déjà le cas de nos jours pour les enfants de riches, qui sont rarement au chômage. Créez votre poste, est un slogan de plus en plus courant. Oui, mais avec quoi ?

Ils paient des impôts

C'est assez amusant quand on connaît tous les tours de passe passe de l'optimisation fiscale et le nombre des exilés fiscaux (pratiquement tous les grands sportifs, par exemple). Le terme d'exilé est d'ailleurs tout à fait impropre, car il s'agit en fait de fuyards ou d'émigrés, comme ceux de la révolution française, qui ne toléraient pas que l'on touche à leurs privilèges.

Mais c'est un argument qu'on entend à la télévision. L'argument sous-jacent est que sans les riches, les pauvres seraient encore plus pauvres ! On n'est pas loin de l'aumône.

> **Mais mon ami, il faudra toujours des riches pour nourrir les pauvres.**

Légende d'un dessin de JOSSOT. *L'Assiette au beurre*. 1906

Ils investissent

Bien des investissements sont improductifs, car ils n'augmenteront pas la richesse nationale. Auquel cas, l'argument est fallacieux. Investir dans les produits dérivés financiers peut faire gagner de l'argent, mais ne crée pas de richesse. Il s'agit d'un jeu à somme nulle. Car il faut bien que l'argent vienne de quelque part. Des moins riches, probablement.

C'est ce que pensait le romancier BALZAC.

« Il n'est pas inutile de faire observer que de si considérables fortunes ne s'acquièrent point, ne se constituent point; ne s'agrandissent point, ne se conservent point au milieu des révolutions commerciales, politiques et industrielles de notre époque, sans qu'il y ait d'immenses pertes de capitaux, ou si vous voulez des impositions frappées sur les fortunes particulières. On verse très peu de nouvelles valeurs dans le trésor commun du globe. Tout accaparement nouveau représente une nouvelle inégalité dans la répartition générale. Ce que l'État demande, il le rend; mais ce qu'une maison

Nucingen prend, elle le garde. » [xxxix] La maison Nucingen était une banque.

Ils créent des emplois et distribuent des salaires

« Et ces riches contribuent par leurs investissements, par leur prise de risque à la création de richesse pour tous et notamment au travers de la création d'emplois et de produits innovants. » [xl]

Il va de soi qu'ils créent des emplois quand ils ne peuvent pas faire autrement, en désespoir de cause en quelque sorte, et que les délocalisations sont vraiment impossibles.

Moi, j'ai trouvé le truc. J'ai installé les usines à la frontière et je n'emploie que des ouvriers belges.

Légende d'un dessin de DELANOY, *L'Assiette au beurre*. 1906.

Et évidemment des emplois précaires, sous-payés et usant physiquement et moralement. La Cour de Cassation vient, quant à elle, de décider que le *burn out* n'était pas une maladie professionnelle mais une fausse maladie de paresseux Il y a effectivement peu de chances que ses membres soient atteints par une telle pathologie. Décidément, le 21° siècle sera socialement plus près du 19° que du 20°.

A LA PORTE DE L'ASILE DE NUIT
Moi, comme papiers, j'ai que l'diplôme de ma médaille du travail. J'ai resté trente ans chez le même patron.

Légende d'un dessin de *l'Assiette au beurre*, vers 1900. Non sourcé.

PARTICIPATION AUX BENEFICES
- Tu parles, mon vieux, que la Compagnie est généreuse !
Elle nous donne 0 fr. 29 par 100 francs de bénéfices.
- Chacun ?

- T'es bête !... A partager entre tous les ouvriers...

Légende d'une caricature. Vers 1900. Non sourcée.

Ils innovent

«L'idée selon laquelle l'artiste et le chef d'entreprise participent d'une démarche commune vient des saint-simoniens. Ce groupement d'ingénieurs, d'architectes, de savants avaient compris que le grand patron comme l'artiste ont pour ambition de créer un monde nouveau. Ils ont vu les premiers que ces deux frères en apparence hostiles avaient la même façon de traiter les problèmes, par la remise en cause des valeurs, l'appétit pour le futur, la célébration de l'audace, de l'autonomie. Obsédés par l'innovation, patrons et artistes, soumis les uns et les autres à une forte concurrence, sont en quelque sorte condamnés à inventer et donc à croiser leurs stratégies. Le chef d'entreprise doit être aussi révolutionnaire dans son domaine que l'artiste.» [xli]

C'est sûrement vrai puisque c'est écrit dans le journal ! Mais en bon journaliste, l'auteur joue sur les mots. Quoi de commun entre innovateur, chef d'entreprise et grand patron ?

Et d'aucuns penseront que les patrons (grand ou petits) se contentent d'exploiter les innovations des autres ou même carrément les innovateurs eux-mêmes. Sans parler de ces brevets achetés pour qu'ils ne soient jamais utilisés.

Ils font du mécénat

C'est à dire qu'ils soustraient à l'impôt des sommes qu'ils consacrent à leur gloire.

Ils se battent pour un monde meilleur

Enfin, leurs sous-fifres le font :

« Il ne faut pas méconnaître le danger de cette idéologie qui au nom faussement bienveillant de l'égalité attentera demain à la liberté et à la propriété, qui en est le substrat, et détruira la notion même de responsabilité qui institue notre humanité et la fait prospérer. » [xlii]

I'm a poor little rich girl

A l'origine, *The Poor Little Rich Girl,* est un film musical américain de 1936, mis en scène par Irving Cummings. (Wikipédia)

Mais reprise et colportée par la littérature sentimentale populaire ou savante, la formule veut faire savoir que jalousés, enviés, moqués, obligés par leur dur travail de négliger leur famille, les riches suivent un long chemin encombré d'épines, que l'accès au Royaume de Cieux leur est difficile et que, conséquemment, par raison raisonnante, les impôts sur la fortune sont iniques et doivent être supprimés. *Quod erat demonstrandum*, autrement dit en langue vulgaire CQFD.

En résumé : «On nous en veut toujours à nous autres pauvres riches.» (Anonyme. vers 1830)

Les reproches des riches aux pauvres

> *La rentrée.*
> *Les patrons sont inquiets, les ouvriers rentrent.*
> Couverture de Charlie hebdo, n° 145.

« *Classes pauvres, classes dangereuses* » fut un leitmotiv du 19° siècle, qui connaît d'ailleurs de nos jours, un regain de popularité. Elles sont dangereuses à un double titre, criminalité d'une part et tendances anarchistes et révolutionnaires de l'autre. Elles sont dangereuses parce que pauvres en quelque sorte, et elles sont pauvres parce que dépravées.«*Le vice et la vertu n'existent pas pour ces canailles-là...*» [xliii]

Ceci étant, on a toujours oscillé suivant les époques et les opinions politiques, en France tout au moins, entre deux positions. Faire de la pauvreté un problème personnel du à la paresse, l'ivrognerie et éventuellement des troubles mentaux, ou en faire un problème social : manque d'instruction et d'éducation, logement insalubre, taux de chômage élevé, discriminations diverses, etc.

Certaines études actuelles tendent à suggérer que les soucis financiers des pauvres rétrécissent leur univers intellectuel et les empêche de fait d'utiliser rationnellement les moyens de s'en sortir.

Longtemps, on a mis à part les fous, les enfants et les primitifs, considérés comme n'étant point capables de Raison. On pourrait sans doute y ajouter les pauvres, selon la pensée de beaucoup, du moins à certaines époques.

Ils ne sont pas si pauvres que çà

Réveillon
Et sur leur tas d'ordures, il y avait des coquilles d'huîtres et des carapaces d'écrevisses, Madame !

Légende d'un dessin de LABORDE, *Le Rire,* 1910.

- Mon pauvre homme, je désire violemment vous donner un sou. Avez-vous la monnaie sur un billet de mille francs ?
- Je n'ai pas la monnaie de mille sur moi. Mais je peux vous faire un chèque de 999fr 95 centimes que vous irez toucher chez mon banquier.

DEPAQUIT, *Le Rire,* 1907.

La malhonnêteté

> *Tout est nié ; chacun raisonne d'après soi ;*
> *On n'a plus le respect ; on a perdu la foi ;*

Les usages anciens sont traités de sornettes ;
De là vient que les gens n'acquittent plus leurs
dettes.

PONSARD

Les deux mondes.
- V'là qu'y traîne une lettre du petit amoureux de
madame !... Si je la lui rend, quel bon pourboire!
- Garde là!... elle nous fera une dot...

Légende d'une caricature de BRAUN. *L'Assiette au beurre.*
1900. La scène représente un valet et une femme de chambre.

La paresse

C'était le point clé au 19° siècle et il est en train de le
redevenir au 21° s.

« Le danger social s'accroît et devient de plus en plus
pressant, au fur et à mesure que le pauvre détériore sa condition
par le vice et, ce qui est pis par l'oisiveté. Du moment que le
pauvre, livré à de mauvaises passions, cesse de travailler, il se
pose comme ennemi de la société, parce qu'il en méconnaît la
loi suprême, qui est le travail. » [xliv]

Au bagne aussi, le travail est la loi suprême. Ce n'est pas
pour rien qu'on l'appelle aussi Travaux forcés.

Cette idée du travail comme valeur suprême, pour les
pauvres évidemment et seulement pour eux, fut cependant
combattue par certains. Mais c'étaient de dangereux
anarchistes.

Dans son *Droit à la paresse*, LAFARGE écrit : « M. Thiers,
dans le sein de la Commission sur l'instruction primaire de
1849, disait: "Je veux rendre toute-puissante l'influence du
clergé, parce que je compte sur lui pour propager cette bonne
philosophie qui apprend à l'homme qu'il est ici-bas pour
souffrir et non cette autre philosophie qui dit au contraire à
l'homme: "Jouis".» M. Thiers formulait la morale de la classe

bourgeoise dont il incarna l'égoïsme féroce et l'intelligence étroite. » [xlv]

LAFARGE va jusqu'à citer l'Évangile : «Contemplez la croissance des lis des champs, ils ne travaillent ni ne filent, et cependant, je vous le dis, Salomon, dans toute sa gloire, n'a pas été plus brillamment vêtu. » (MATH. 6.1.)

L'ivrognerie

Il y a (avait) en France, une certaine tolérance populaire vis à vis de l'ivrognerie ou du moins vis à vis des ivrognes. Après tout, la France est le pays du vin, de certains grands vins en tous cas. Il n'y manque pas non plus de « vins de clochards ».

Mais les hautes classes sont sans pitié vis à vis de l'ivrognerie populaire. Cela commence dès la Bible : « Ils diront aux anciens de sa ville: Voici notre fils qui est indocile et rebelle, qui n'écoute pas notre voix, et qui se livre à des excès et à l'ivrognerie. » [xlvi] Au 19° siècle, on confond allègrement alcoolisme et classe ouvrière.

La mère à son fils
Six sous d'absinthe et un sou de pain. Casse pas la bouteille !

Légende d'un dessin de POULBOT, *L'Assiette au beurre*. 1906.

Ce qu'évidemment, les ouvriers prennent très mal.

- Encore saoul. Quand arrêterez vous de boire ?
- Quand vous me donnerez plus à manger.

Légende d'un dessin de LÉON GEORGES. *L'Assiette au beurre*. 1904. La scène représente un patron et un de ses ouvriers.

Au 20° siècle, on s'est enfin aperçu que l'alcoolisme comme les violences conjugales, était assez également réparti dans toutes les strates de la société. On se contente donc de vilipender l'alcoolisme au volant. A juste titre, d'ailleurs !

Et puis, que d'intérêts en jeu !

Des idées politiques confuses et puériles

> *Ah! Salaud, tu te permets d'avoir une opinion.*
> A. DELANOY, *L'Assiette au beurre.* 1905.

Au tribunal
Vous avez devant vous, Messieurs, un de ces énergumènes qui parlent de supprimer le capital.

Légende d'un dessin de JOSSOT , *L'Assiette au beurre.* 1901.

LÉON BLOY : « Il n'était pas absolument sans lettres, cet excellent père Chapuis. Il lisait couramment des feuilles arbitrales et décisives, telles que La Lanterne ou Le Cri du peuple, croyant fort à l'avènement infaillible de la Sociale et bafouillant volontiers, dans les caboulots, de pâteux oracles sur la Politique et la Religion, ces deux sciences débonnaires et si prodigieusement faciles, -comme chacun sait, - que le premier galfâtre venu peut y exceller. » [xlvii]

Les journaux cités sont de tendance anarchiste. Le plus connu, *le Cri du peuple* fut fondé par Jules Vallès lors de la Commune de Paris, disparut puis réapparut dans les années 1880.

Quant au Père Chapuis, c'est un paresseux, alcoolique, qui bats sa femme, tente de prostituer sa fille, etc. Un ouvrier, quoi !

« Fumisteries »
Par la persévérance, nous obtiendrons l'intégralité de la capitulation patronale et la coopération effective et insurrectionnelle des travailleurs, syndicats internationaux, circulaires, tangents et giratoires.

Légende d'une caricature, *L'Assiette au beurre.* 1901. Non sourcée.

Des mœurs dissolues

Si l'on en juge par les romanciers décrivant leur époque, il n'y a guère de différences quant à la sexualité des riches et des pauvres. Dans les deux cas, elle est infiltrée par l'argent. Pour les riches, il suffit de penser à l'importance de la dot, et des espérances, c'est à dire des héritages à venir, dans les déterminants des mariages. Quant aux pauvres, une jeune fille n'a guère à offrir que sa jeunesse, sa fraîcheur, éventuellement sa beauté. En échange de quoi ? D'argent, évidemment.

Là comme ailleurs, les hautes classes sont assez hypocrites. La dot, c'est propre, le billet glissé dans la main, c'est très sale.

> **- Qu'elle se marie ou se prostitue, la femme se vend.**
> **- Permettez, dans le premier cas, la vente est légale !**

Légende d'un dessin de JOSSOT, *L'Assiette au beurre,* 1907.

Quant aux pratiques sexuelles, il serait sans doute naïf d'imaginer que la liberté sexuelle date du 20° siècle. Mais les sources sont très discrètes. A titre d'exemple, H. DE BALZAC, dans *La fille aux yeux d'or,* nous fait savoir qu'elle était «vierge mais non innocente». Le dénouement lève en partie le voile sur la signification de cette distinction, mais Balzac se garde bien d' être clair et précis.

Quant à l'époque actuelle :

«Les personnes de milieux favorisés se pensent souvent bien plus ouverts et plus imaginatifs en matière de sexualité que les personnes de milieu populaire, qu'ils voient comme conservatrices», explique Michel Bozon. Certes, écrit Agnès Giard, les femmes des milieux manuels sont moins enclines à la masturbation que celles des milieux intellectuels, puisque seules 46% d'entre elles se masturbent contre 85% des intellectuelles. 20% n'ont jamais pratiqué le sexe oral (contre 2% des femmes issues des milieux intellectuels) et 77% considèrent qu'il est «impossible de réussir sa vie sans avoir d'enfant» (contre 57% des intellectuelles).

Mais les ouvrières sont 30% à reconnaître regarder du porno contre 17% des intellectuelles, note Agnès Giard. » [xlviii]

Cette enquête appelle plusieurs remarques car elle a été réalisée par entretiens téléphoniques. Les sondés savaient donc qu'on connaissait leur numéro de téléphone et donc leur nom. Sur un sujet aussi délicat, cela peut avoir de l'influence quant à la sincérité des réponses. De plus, on sait alors ce que les gens disent et non ce qu'ils font. Et la facilité de verbalisation des intellectuels peut leur permettre d'utiliser des termes plus précis ou même plus crus que ne le font les milieux populaires pour lesquels les mots ont un poids.

Cependant, voilà de quoi nourrir un mépris réciproque !

**Mais moi, à ton âge, petite malheureuse,
je ne savais même pas si j'avais un sexe !**

Légende d'une gravure de GUÉRIN. *L'assiette au beurre.* 1900. Les personnages sont de milieu populaire.

Ils pensent mal

Cela a commencé avec l'athéisme.

Les alliances du « Trône et de l'Autel» ou du « sabre et du goupillon», vivement dénoncées au 19 ° siècle, n'existent plus guère de nos jours, l'Église catholique, désertée, n'étant plus en mesure d'imposer ses vues. Les alliances de cette dernière avec les puissances financières ont également été dénoncées à la même époque. «L'église est dans le mouvement moderne, elle... Elle a une puissance d'expansion, de transformation, d'adaptation, qui est admirable... une force de domination qui est justifiée, parce qu'elle travaille sans relâche... qu'elle remue les hommes, l'argent... les idées... les terres vierges. Elle est partout... aujourd'hui... elle fait de tout...   elle est tout... Elle n'a pas que des autels où elle vend de la foi... des sources miraculeuses où elle met de la superstition en bouteilles, .des confessionnaux où elle débite. .de l'illusion en toc et du bonheur en faux.

Elle a des boutiques qui regorgent de marchandises..des banques pleines d'or... des comptoirs, des usines, des journaux et des gouvernements dont elle a su faire jusqu'ici ses agents dociles et ses courtiers humiliés.» [xlix]

Un homme qui s'est mis hors de l'Église, ne saurait être absolument innocent

Légende d'un dessin de STEINLEIN. L'Assiette *au beurre*. 1903.

Certes quelques uns on tenté un dernier effort pour relier religion et classe ouvrière, par exemple le mouvement des prêtres ouvriers de la seconde moitié du 20° siècle. Mais peu ou pas soutenu par sa hiérarchie, on sait ce qu'il en est advenu, c'est à dire un échec total. De même pour la Théologie de la Libération en Amérique du Sud. Mais d'autre religions, non moins conquérantes, sont venues la remplacer.

Il s'est opéré des substitutions. Dans son rôle d'édicteur de normes morales, l'Église a été remplacée par des intellectuels ou des experts (qu'on voit plus souvent à la télévision que dans des salles de cours universitaires) aux évidentes collusions avec les puissances financières.

Le professeur d'économie politique
Messieurs, vous représentez le capital, apprenez quels sont vos droits vis à vis de vos salariés.

Légende d'un dessin de GRANDJOUAN, L'Assiette *au beurre*, 1907.

Et aussi par des ligues de défense de ci ou de çà, privées, mais souvent subventionnées... et procédurières. Comme autrefois, le bon peuple est des plus sceptiques vis à vis de leurs sermons, leurs encycliques ou de leurs *fatwas* ! mais il fait semblant.

De nos jours, par un renversement qui n'est qu'apparent, le petit peuple, les ouvriers (enfin ce qu'il en reste), les humbles, les basses classes, les exclus, etc. ont le tort de voter assez majoritairement Front National. Comme on le disait autrefois : *Errare humanum est, perseverare diabolicum* (si l'erreur est humaine, y persévérer est diabolique.) Décidément,ces gens là sont relaps !

La résistance au changement.

C'est un reproche qui apparaît à la fin du 20° siècle, lorsque les entreprises ne sont plus à l'abri derrière des droits de douane importants et découvrent la « flexibilité », c'est à dire la nécessité d'adaptations rapides aux marchés et aux nouveautés technologiques de plus en plus rapprochées. Les ouvriers et les employés apparaissent alors comme un boulet à traîner et l'on délocalise au maximum. Car quand une entreprise crée des emplois, c'est en fait du domaine du dommage collatéral.

Mais évidemment il est difficile de délocaliser des cheminots ou des infirmières. Il faut donc faire avec, mais minimiser les inconvénients. Les vendeurs de formation professionnelle continue prophétisent l'apocalypse, mais Dieu merci, disposent des remèdes adéquats : le saut à l'élastique, par exemple. Évidemment, cela s'accompagne de lourdes campagnes de presse «conceptualisant» des banalités.

Car enfin, qui aime les changements négatifs ?

En un mot ces gens-là ne sont pas comme nous

Il est certain qu'un homme qui ne fume pas de cigarettes blondes et porte la moustache, est un affreux voyou.

Légende d'une caricature des années 1900. Non sourcée.

Le cas particulier des fonctionnaires

> *Les fonctionnaires sont un petit peu comme
> les livres d'une bibliothèque. Ce sont les plus
> hauts placés qui servent le moins...*
> Georges Clemenceau.

Le mépris des riches pour les pauvres se différencie selon un certain nombre de catégories. Une, particulièrement, celle des fonctionnaires, attire un grand nombre de critiques. Paresseux, tatillons, au service d'eux-mêmes, coûteux, peu efficaces, etc.

- Et toi, qu'est-ce que tu feras plus tard
- Je serai gréviste... comme papa !

Légende d'un dessin de POULBOT, *Le Rire,* 1907.

Mais les pauvres font à peu près les mêmes critiques.

L'administrateur.
 - Avant de faire la grève, réfléchissez, mes amis... Çà ne réussit pas toujours... Voyez les postiers
Les délégués.
- Permettez !... S'ils n'en ont tiré aucun avantage, du moins le Public a été bigrement embêté... C'est déjà un résultat !...

Légende d'un dessin de RADIGUET. *L'Assiette au beurre.* 1910

C'est donc une catégorie honnie de toutes parts. Cela change de nos jours, lentement ...

« Chaque seconde le budget de l'État consacre 1182 euros à la retraite des fonctionnaires, soit 37,3 milliards d'euros par an. Seul un quart de cette somme est couverte par les cotisations des fonctionnaires, le reste l'est par les cotisations du secteur privé.» [1]

La caricature classique des fonctionnaires est celle de Courteline dans *Messieurs les ronds de cuir.* Cela ne fait plus rire de nos jours, surtout quand on a eu à faire à l'URSSAF ou au RSI.

> **Les «cochons de payants»**
> **- C'est dégoûtant! Il n'y a plus moyen de circuler ici. A partir de demain l'accès des quais sera interdit au public!**

Légende d'un dessin de G. AVIS, *Le Rire.* 1900. La scène représente un fonctionnaire empêtré dans une foule sur un quai de gare.

Il y a eu plus violent.

> **Autopsie.**
> **- Messieurs, pas de trace de cerveau... Nous sommes donc en présence d'un fonctionnaire.**

Légende d'un dessin non sourcé. Vers 1900.

La profession se défend d'ailleurs. «*Une fonctionnaire risque l'exclusion pour avoir critiqué l'administration dans un livre.*» [li]

Et elle a raison, car elle ne fait qu'appliquer des règlement stupides ou odieux faits par d'autres;

> **Le dernier souvenir**
> **Voilà, madame, ce qui reste de votre fils. Si vous voulez passer à la caisse, c'est 39 fr. 75.**

Il s'agit du rapatriement des corps des soldats de l'expédition coloniale militaire à Madagascar. Le dessin représente une mère éplorée face à un fonctionnaire lui présentant un petit colis. *Le Grelot*, 1895. Coll. BNF.

Ce que les intellectuels pensent des pauvres

En France, les intellectuels ont eu une importance particulière en termes d'influence. Ils sont mal définis en tant que catégorie sociale, mais grosso modo, ils rassemblent tout ce qui écrit, ou de nos jours, parle. On conçoit mal actuellement, l'importance d'un Gide, romancier médiocre et écrivain pâteux, qui accède au statut de grande conscience politique, alors que de nos jours, sa vie privée l'aurait conduit devant les tribunaux.

Les intellectuels disent mépriser l'argent mais font tout pour s'enrichir, et leur regard sur les pauvres, ne se différencie guère de celui de la bourgeoisie.

En 1910, une féministe commente ainsi la loi électorale qui interdit aux femmes l'entrée du Parlement. « Cet ignorant qui ne sait ni lire, ni écrire, si incapable de distinguer sa droite de sa gauche qu'au régiment ses chefs feront garnir différemment ses deux sabots, et que les mouvements s'exécuteront au commandement : « Paille ! Foin !... Paille ! Foin ! » Cet ignorant est électeur. Ce butor qui assomme ses chevaux à coups de fouet, sans discernement, sans pitié, sans même le souci de son intérêt ; qui distribue à tort et à travers l'injustice et la souffrance, ce butor est électeur... Ce pochard qui ne désemplit pas, de l'aube au crépuscule et du soir au matin, ce semblant d'homme, aviné, loqueteux, baveux, ayant laissé sa raison au fond du premier verre, tellement il est intoxiqué, tantôt ricochant d'un mur à l'autre et tantôt vautré dans ses déjections, ce pochard est électeur... Électeur encore, ce fainéant qui se fait nourrir par sa femme, et cet apache qui vit de la fille : électeur ; ce gâteux qui s'usa les moelles en de sales noces : électeur ; ce demi-fou et ce fou prétendu guéri. Électeur enfin l'imbécile, maître du monde ! Mais la femme réputée inférieure à tous ceux-là, n'a d'emploi que comme contribuable ; qu'un devoir : celui de payer ; qu'un droit : celui de se taire. » [lii]

Ce n'est pas tendre non plus.

D'autres le sont un peu plus.

A. FRANCE : «Autre motif d'orgueil, que d'être citoyen. Cela consiste pour les pauvres à soutenir et à conserver les riches dans leur puissance et leur oisiveté. Ils y doivent travailler devant la majestueuse égalité des lois, qui interdit au riche comme au pauvre de coucher sous les ponts, de mendier dans les rues et de voler du pain. C'est un des bienfaits de la Révolution. Comme cette révolution a été faite par des fous et des imbéciles au profit des acquéreurs de biens nationaux et qu'elle n'aboutit en somme qu'à l'enrichissement des paysans madrés et des bourgeois usuriers, elle éleva, sous le nom d'égalité, l'empire de la richesse. Elle a livré la France aux hommes d'argent, qui depuis cent ans la dévorent. Ils y sont maîtres et seigneurs. Le gouvernement apparent, composé de pauvres diables piteux, miteux, marmiteux et calamiteux, est aux gages des financiers. Depuis cent ans, dans ce pays empoisonné, quiconque aime les pauvres est tenu pour traître à la société. Et l'on est un homme dangereux quand on dit qu'il est des misérables. On a fait même des lois contre l'indignation et la pitié. Et ce que je dis ici ne pourrait pas s'imprimer.» [liii]

Ce que les pauvres pensent d'eux-mêmes

On est mal documenté sur ce sujet en raison du fait que l'histoire est écrite par et pour les vainqueurs. Les basses classes sont silencieuses. Certes, on a, par exemple, les cahiers de doléances de 1789, mais on n'a pas d'opinion individuelle. D'ailleurs, ils ont été rédigés par des « clercs» c'est à dire des gens sachant lire et écrire, ce qui n'était pas, à l'époque, à la portée de tout un chacun. Un tiers de la population ne mettait qu'une croix comme signature de leur acte de mariage.

Là non plus, la littérature n'apporte pas grand-chose d'authentique. Le *Roman d'un jeune homme pauvre,* d'O. FEUILLET est en fait le roman d'un jeune homme dont la famille est ruinée. Ses idées, ses expériences, ses espoirs sont ceux d'un homme ruiné et non d'un pauvre de naissance et cela n'occupe en fait que trois pages du roman. D'ailleurs, finalement, il hérite et fait de plus un riche mariage. Le titre, accrocheur, est donc mensonger, mais il est fait pour vendre. Littérature à l'estomac aurait dit J. GRACQ.

La plupart des romanciers ont commis la même erreur que les sociologues et anthropologues de la fin du XIX° siècle. Si ces derniers avaient pris la peine d'interroger leur concierge ou leur lavandière, ils auraient écrit moins de sottises sur la pensée primitive !

Taillables et corvéables à merci

Voici justement un extrait de ces cahiers de doléances.

«Les droits seigneuriaux offensent l'homme comme homme; il en est surtout qui avilissent et dégradent le citoyen su lequel ils sont établis et exercés. Ils arment l'homme contre son semblable, ils produisent une occasion toujours renaissante d'oppression, de vexation, d'injustices marquées sous le titre trompeur de droits acquis et qu'on n'ose même dire imprescriptibles, comme si en aucun temps l'usurpation faite sur l'autorité royale et sur des homme nés libres pouvait être légitime... A quel point ces droits ne gênent-ils pas la liberté, la propriété, l'agriculture... Ici le pauvre n'a pas le droit de faire du feu dans sa cheminée pour se garantir du froid, s'il ne l'achète chèrement du seigneur; c'est le droit de fouage.» [liv]

Les impôts d'autrefois étaient, de fait, assez stupides. Dans son ouvrage, *La Dîme,* qui propose un réforme profonde des impôts, si profonde qu'elle fâcha le bon roi Louis XIV et lui valût une profonde disgrâce, l'ingénieur, puis maréchal de France VAUBAN donne l'exemple de l'impôt sur le sel. Il fait remarquer que bien des serfs pourraient élever des cochons, dont chacun sait qu'ils se nourrissent de tous les déchets possibles, mais ne le faisaient pas faute de pouvoir payer le sel nécessaire à sa conservation. Il remarque aussi que cet impôt donnait naissance à divers trafics (les fameux faux sauniers) et à pas mal de corruption. Quoi de plus corrompu que le Royaume de France !

Mais quelles belles fortunes !

De la chair à canons

> *On croit mourir pour la patrie ; on meurt pour des industriels.*
> A. FRANCE. Lettre ouverte à Marcel Cachan , *L'Humanité*, 18 juillet 1922

La défaite française, lors de la guerre de 1870-71, ampute la France de deux provinces. En réaction, un nationalisme et un militarisme outranciers submerge ce pays. Souvent moqués d'ailleurs.

Et en réaction à ces derniers se développe un pacifisme assez naïf, car pour faire la paix, il faut être deux ! Et face à la Prusse !

La boucherie de 1914-18, avec ses « attaques à outrance » renforce cet antimilitarisme, et l'expression « chair à canon » devient usuelle et évidemment le sentiment qu'il sous-tend. Et on en veut plus aux industriels de l'armement, aux fortunes insolentes, qu'aux militaires dont l'incompétence éclatera pourtant au grand jour, une fois de plus, lors de la débandade de 1940.

D'où un manque total de confiance envers l'État et ses émanations.

- Moyennant une retenue sur nos salaires, à 65 ans, nous aurons une retraite de l'État.
- On ne dit pas si ceux qu'on fusillera à 25 ans seront remboursés.

Légende d'une caricature. Vers 1900. Non sourcée.

Réduits au silence

> **D'abord, taisez-vous, quand vous parlez à un supérieur...**

Légende d'une caricature de BAUDRIER-FOUCAUT. Le Rire. 1911.

> **Un soldat n'a pas le droit d'avoir une conscience. La conscience ne commence qu'au grade de lieutenant.**

Légende d'un dessin de RICARDO FLORÈS. *L'Assiette au beurre*. 1906.

Mais ils prennent leur revanche en n'écoutant pas.

> **- Je vous dérange peu-être en causant**
> **- Non, vous pouvez continuer, je ne vous écoute pas;**

Légende d'un dessin de POULBOT, *Le Rire* 1906.

Et quand on les laisse parler, on parle à leur place.

> **Messieurs les jurés**
> **Le témoin étant illettré et s'exprimant difficilement en patois, je me contenterai de lire une partie de sa déposition faite à l'instruction :**
> **Psychologiquement , a-t-il dit, on peut établir la *voluntia sceleris* de l'inculpé dès le 23 août. Messieurs, je n'ajouterai rien à ces paroles. Elles sont l'expression de ma pensée**

Légende d'un dessin de LAUNAY, *L'assiette au beurre* 1903.

Rien n'est prévu pour nous

Un dessin de RICARDO FLORÈS, (L'Assiette au beurre,1905), montre une famille pauvre, au guichet du Mont de piété. Devant eux, une affiche donnant la liste des pièces justifiant l'identité pour prêts au dessus de quinze francs : Carte d'identité, Carte d'électeur, Diplôme universitaire, Billet à ordre passé en banque, etc.

> **Bon alors, faut être rentier pour que le Mont de Piété vous prête quinze francs.**

Les choses n'ont guère changé guère depuis un siècle. Exemple : La Banque de France a mis en place une procédure pour restructurer les comptes de gens surendettés. Il faut constituer un dossier avec d'innombrables photocopies, ce qui décourage beaucoup d'individus peu à l'aise avec la paperasse et / ou peu soigneux de leurs archives. Et si vous êtes propriétaire, cas fréquent car le surendettement est souvent lié à des emprunts immobiliers, vous devez donner une estimation de la valeur de votre bien, faite par un notaire, un huissier, etc. Estimation coûteuse, évidemment. Et si vous êtes au bord du chèque sans provision...

Certes, la Banque a raison de prendre des garanties, mais elle oublie les situations concrètes des gens en difficulté, comme tant de conseillers ministériels ou de ministres qui n'ont jamais connu le travail dans la "vraie vie".

Des humiliations incessantes

La vie dans la pauvreté est vécue comme une série d'humiliations sociales et personnelles. Habiter une lointaine banlieue ce qui rend difficiles les sorties le soir. Ne pas prendre de vacances ce qui signe devant vos voisins que vous n'avez pas les moyens d'en prendre. Refuser une invitation parce que vous n'avez pas l'habillement adéquat.

On en parle peu par pudeur et les romanciers abordent rarement ce thème peu glorieux. Signalons cependant une exception. J. P. SARTRE dans *les Chemins de la liberté* met en scène à un moment un homme qui cherche désespérément une somme assez importante pour que sa maîtresse puisse avorter. A l'époque, c'était un crime et les avorteuses condamnées à mort. Une des dernières femmes guillotinées en France le fut d'ailleurs pour cette raison dans les années 1940. Les avorteuses ne manquaient pas, mais vu les risques, l'opération coûtait assez cher. Notre héros s'aperçoit vite que si tout le monde est prêt à lui prodiguer conseils, encouragements et bonnes paroles en tous genres, personne en revanche ne veut ou ne peut l'aider financièrement, la seule chose qui compte. Et il va d'humiliation en humiliation. Et pour une fois, ce personnage de Sartre n'a rien de mécanique.

A contrario, la richesse semble ouvrir des possibilités insoupçonnées et illimitées.

> **Ah! un chapeau. Enfin ! je vais pouvoir mendier à domicile !**

dit un pauvre diable en voyant ce qui est au bout de sa canne à pêche. Légende d'un dessin de GERBAULT. Vers 1900.

Un horizon bouché

Nous l'avons dit, ce qui caractérise la pauvreté c'est la difficulté objective d'en sortir.

Mais il y a aussi une difficulté subjective. « La pauvreté pourrait engendrer la pauvreté. Les personnes victimes de problèmes d'argent seraient tellement focalisées sur leurs soucis que leur cerveau ne pourrait se concentrer sur les autres problèmes de leur vie, ce qui contribuerait à entretenir la misère. Les pauvres ne sont pas moins intelligents, mais leurs préoccupations les empêchent d'utiliser toutes leurs facultés intellectuelles. » [lv]

Une existence raccourcie

> **LES RETRAITES OUVRIÈRES**
> **Ceux qui la touchent**
> **Il était temps je suis le seul dans la céruse, qui ait pu aller jusqu'à la retraite.**

Légende d'un dessin de Delannoy, L'Assiette au beurre. 1906. La céruse ou carbonate de plomb servait à fabriquer des peintures blanches et était hautement toxique.

Il y a eu de nos jours, l'amiante qu'il a fallu cinquante ans pour que nos élites l'interdisent.

Et l'écart de durée de vie entre cadres et ouvriers est encore de 6 ans à l'heure actuelle selon l' INSEE.

Tout coûte plus cher

Et cela pour plusieurs raisons.

La première, toute bête, est qu'on ne peut acheter ni en gros, ni au bon moment. Et que tout coûte évidemment plus cher au détail.

« Les détaillants de toutes sortes: boulangers, bouchers, charcutiers, charbonniers logeurs, etc., ne gagnent réellement que sur les pauvres, toujours incapables de s'approvisionner ou de profiter des occasions. La moitié de cinq est trois, c'est l'arithmétique des commerçants. » [lvi]

Enfin jusque récemment. Car les grandes surfaces alimentaires, pour déjouer les calculs des consommateurs ont pris l'habitude de rendre plus chers certains achats groupés, comme en a témoigné récemment la revue *50 millions de consommateurs.*

Acheter de façon importante lors des soldes ou à contre saison, lorsque les prix sont plus bas, suppose par ailleurs que l'on dispose des sommes nécessaires et qu'on puisse faire l'avance d'un mois ou d'un trimestre sur l'autre.

Les crédits revolving sont beaucoup plus chers que les crédits normaux, le double ou le triple des crédits immobiliers par exemple. Certes en France, on n'est pas encore dans les crédits à l'africaine, soit 10 à 20 % par mois, ni à l'américaine, du même ordre dans certains cas. Mais quand même.

Autre exemple, qui nous vient des USA, toujours en avance dans la course à la modernité, « les grilles tarifaires des principales compagnies d'assurance automobile accordent plus d'importance au niveau des études de leurs clients et à leur situation professionnelle qu'à la fiabilité de leur conduite. Dans les deux tiers des cas examinés, les bons conducteurs pauvres paient plus cher (autour de 25 %) que les riches qui ont déjà causé un accident.» [lvii]

Une méconnaissance réciproque

Mais il faut avouer que riches et pauvres se connaissent très mal. Ils vivent sur des planètes différentes avec de nombreuses grilles (physiques, idéologiques, etc. et évidemment financières) les séparant et des points de rencontre accidentels sinon inexistants. Comme autrefois, les riches évitent soigneusement tout contact physique, affectif et même intellectuel avec les pauvres. Et les pauvres n'aperçoivent des riches que ce qu'en voient des domestiques. C'est à dire en fait beaucoup de choses, malheureusement déformées. Mais il en a toujours été ainsi.

> **Elle est d'une bonne famille. mais je ne me souviens plus si c'est son père qu'est procureur ou sa mère qu'est procureuse.**

Légende d'un dessin de POULBOT. *Le Rire,* 1904.

A l'époque il n'y avait pas de femmes exerçant la fonction de procureur. Procureuse veut simplement dire : qui procure. On doute peu de ce qui était ainsi procuré.

Par ailleurs, on ne connaît souvent des très riches ou des très pauvres que ce qu'en disent des romanciers à la documentation discutable. Après tout, que savaient PROUST ou BALZAC des duchesses dont ils nous parlent ? Que sait telle romancière américaine à succès des milliardaires de New York ou de Los Angeles ? Est-ce beaucoup plus que ce qu'en disent les magazines *people*, qui sont à portée de toutes les mains dans les salles d'attente des spécialistes que l'on consulte et qui sont toujours en retard, statut oblige !

Dans son roman *Le Rouge et le Noir,* STENDHAL, parlant de son héros, Julien Sorel, écrit à un moment qu'il était un des hommes les mieux habillés de Paris et qu'il portait des bottes de chez *Staub.* On a oublié qui était ce célèbre bottier (ou tailleur si l'on en croit H. DE BALZAC) et l'on ignore les prix qu'il pratiquait, mais un ministre français a acquis la célébrité le jour où l'on a su qu'il portait des chaussures qui valaient deux fois un SMIC mensuel. Être très bien habillé et donc à la dernière mode est fort coûteux. Comment Julien Sorel, simple secrétaire, certes d'un homme fort riche, et par ailleurs boursicoteur à ses heures, pouvait-il y parvenir ? Les romanciers nous la baillent belle et ne sont pas à une contradiction près.

Il en est de même pour l'extrême pauvreté. Que connaissaient vraiment V. HUGO ou E. SUE des *Misérables* qu'ils décrivent ? Où les avaient-ils fréquentés ? Pendant combien de temps ?

Cela rappelle cette journaliste française qui prétendait parler couramment le « nouchi» (l'argot d'Abidjan). Il ne suffit pas d'avoir consulté le site « nouchi.com» pour discuter avec les voyous du populaire, célèbre et dangereux marché d'Adjamé.

Quant à Abobo gare ! *A beau mentir qui vient de loin*, dit le proverbe.

Quant aux films ou téléfilms, chacun a pu constater que lorsqu'ils parlent d'un sujet que l'on connaît, leur ignorance et / ou leur propagande sautent immédiatement aux yeux. Les représentations du Moyen Age à la télévision française sont dignes des *péplums* américains, grotesques... Comme d'ailleurs les représentations des années 1940. Il n'y a guère que les chapeaux qui soient d'époque. Quant au vocabulaire et surtout aux idées... Ils oublient de plus qu'à l'époque, la moitié des français patoisait. La télévision n'avait pas encore raboté les parlers locaux.

De plus, à partir d'un certain niveau de richesse, l'imagination se fatigue. Quels pouvaient être la vie et les plaisirs d'un Midas ou les banquets d'un Lucullus, sans parler de ceux d'un empereur de Chine ou d'un pharaon d'Égypte ?

Les magazines *people* permettent cependant de lever une partie du voile contemporain. « Quarante couverts - des proches, des connaisseurs, des journalistes du monde entier, quelques célébrités. Tous réunis dans une ancienne fabrique aux murs lépreux. Trente-cinq plats servis sur du Dom Pérignon 2005, dévoilé pour l'occasion. Côté cuisine, une sorte de *best of* du chef, comme s'il montrait ses plus belle toiles : olive sphérique, glace de parmesan, raviolis d'algues, cacahuètes mimétiques, jambon Joselito enroulé sur une baguette creuse framboise et vinaigre, huître Gillardeau avec perle au champagne Dom Pérignon, mollusque de Galice au caviar, petits pois croquants à la menthe... » [lviii] Il s'agit d'un banquet publicitaire à la gloire d'un cuisinier, pardon, d'un chef. Veuillez m'excuser, je me suis mal exprimé, à la gloire d'un génie. Il a en effet, entrepris la « déconstruction » des arts culinaires !

Des relations violentes

> *Le seul bien qu'il ait fait, c'est quand il rendit l'âme.*
> Anonyme, vers 1830

> *Le riche est une brute inexorable qu'on est forcé d'arrêter avec une faux ou un paquet de mitraille dans le ventre...*
> LÉON BLOY, *Le sang du pauvre.*

Lé révolution française a tout de même guillotiné 30.000 personnes, en immense majorité des nobles, c'est à dire des riches. La répression de la Commune a, elle aussi, fait plus de 50.000 fusillés, le plus souvent sans jugement, en immense majorité des ouvriers et artisans, c'est à dire des pauvres ou en tout cas des pas riches. Et le Sacré Cœur de Montmartre, édifié en « expiation des crimes » de la Commune, domine toujours le paysage parisien, de son imposante laideur.

Sans oublier les sanglantes répressions de certaines grèves ouvrières.

Les relations entre pauvres et riches ne sont donc pas un long fleuve tranquille.

Un bourgeois :
J'aurais du plaisir à voir fusiller quelques uns de ces gens-là.

Légende d'un dessin de. HUARD. *L'Assiette au beurre.* 1901.

A propos de la grève et de la révolte des canuts de Lyon (une centaine de morts), en 1831, Casimir Périer déclare à la Chambre des députés : « Il faut que les ouvriers sachent qu'il n'y a de remède pour eux que la patience et la résignation » [lix]

Et quand les choses sont plus calmes, c'est le mépris réciproque qui prévaut.

> - A quoi pensez-vous, mon amour ?
> - A rien.
> - Vous ne pensez pas à moi ?
> - Si !

Légende d'un dessin de PAUL IRIBE. *Le Rire,* 1904.
Le dialogue est entre une "grisette" et son riche amant.

Un regard plus neutre

Les études scientifiques sur ce sujet sont peu nombreuses. Nous nous référons essentiellement à l'une d'entre elles, qui a l'avantage de synthétiser de nombreux autres travaux. En voici un résumé.

Tout d'abord les personnes au bas de l'échelle sociale sont plus vigilantes par rapport aux menaces que celles des hautes classes. Leur environnement est plus vulnérable et comporte davantage de menaces externes (notamment, mentionnent les chercheurs, un système de justice plus sévère à leur égard). Cette plus grande vigilance peut être manifeste de plusieurs façons: activation physiologique indiquée par les niveaux de des hormones du stress; peur accrue de rejet dans les milieux académiques, plus grande capacité de détection des émotions menaçantes d'amis proches. La vigilance accrue peut contribuer à expliquer leur moins bonne santé.

Les personnes de classe défavorisée ont aussi un sentiment réduit de contrôle personnel comparativement à celles de classe aisée. Plusieurs études ont montré un lien entre le revenu et le sentiment de contrôle dans différents domaines de la vie. Comme la vigilance, le sentiment de contrôle semble lié à la santé.

Les personnes des milieux populaires ont une conception de soi plus communautaire (elles se définissent davantage par les appartenances et les connexions sociales) comparativement à celles des classes aisées qui ont un concept de soi plus personnel

Les personnes de classe défavorisée seraient plus susceptibles de changer leur conception d'elles-mêmes pour correspondre aux demandes du contexte social alors que celles de classe favorisée sont plus libres d'exprimer leur personnalité à travers différents contextes. Cette assertion est des plus discutables.

Les personnes de classe défavorisée présentent une plus grande empathie que celles de classe aisée. Plusieurs études ont montré leur plus grande capacité à identifier et partager les émotions des autres.

Les personnes de classe défavorisée sont plus susceptibles d'attribuer leurs résultats personnels aux événements et à l'environnement alors que les riches attribuent leurs résultats à leurs forces personnelles. Évidemment, car on s'attribue toujours les bons résultats et on attribue à la société, ceux qui sont moins bons. C'est humain !

Les personnes de classe défavorisée ont tendance à croire que les catégories sociales sont construites socialement alors que celles de classe aisée ont tendance à croire qu'elles sont basées sur les qualités personnelles des individus. La croyance que les catégories sociales sont basées sur des qualités essentielles appuie l'idée, chez les favorisés, que les hiérarchies sociales sont justifiées.

Les personnes de classe défavorisée ressentent davantage de compassion et se comportent de façon plus pro-sociale que celles de classe aisée. Des travaux récents sur la compassion appuient cette hypothèse. Une prédiction liée à cette hypothèse est que les personnes de classe aisée sont plus susceptibles de s'engager dans des comportements non éthiques et antisociaux.

Les personnes de classe défavorisée utilisent davantage de stratégies relationnelles communautaires, alors que celles de classe favorisée utilisent davantage des stratégies d'échanges.

Dans les relations d'échanges, les individus cherchent à négocier des avantages à valeur égale et ils gardent la trace des coûts et des avantages. Dans les relations communautaires, les bénéfices sont accordés de manière inconditionnelle sans préoccupation d'égalité.

En raison de leur plus grande tendance à l'empathie, les gens des classes défavorisées estiment que faire du mal à autrui est immoral. En raison de leur statut à préserver, les gens de classe favorisée ont une plus grande tendance à valoriser les droits individuels et le respect de l'autorité. [lx]

La fascination de l'argent

Le plaisir de posséder

> *Que maudits soient les princes qui appauvrissent leurs sujets et qui, par avarice et mauvaises conquêtes, assemblent grands trésors. Viendra un temps que Dieu exaucera les pauvres, et les grands et mauvais riches auront assez affaire de maudire l'heure que oncques eurent richesse et trésors mauvaisement acquis.*
> BUEIL DE RACAN. lxi

Il n'y a pas de vocable français pour rendre exactement la notion d'amour excessif de la richesse et de la possession. Le mot avarice en français moderne, met l'accent sur l'absence de dépense et non sur l'acquisition effrénée, (*désirs infinis*, dit ST THOMAS dans sa *Somme théologique*) alors que le mot latin *avaritia* avait ce double sens. Le personnage romanesque qui illustre le mieux l'*avaritia* est le père Grandet dans le roman *Eugénie Grandet* d'H. de Balzac. Il est à la fois très riche et d'une avarice sordide qui pèse sur toute sa famille. Il fait littéralement des économies de bouts de chandelles. De nos jours, l'avarice est devenue rare et le surendettement fréquent. Le plaisir de dépenser l'emporte sur celui de posséder

Par ailleurs, il va de soi qu'en général, le plaisir de posséder n'est vraiment complet que s'il s'accompagne du plaisir de déposséder autrui, ou à tout le moins du constat que lui ne possède pas. Pour être pleinement riche, il faut qu'il y ait des pauvres !

«A certaines époques la misère a diminué, mais elle n'a jamais disparu. Il y a plus, elle ne pouvait pas disparaître; la misère est inhérente à notre nature, comme la loi du travail et celle de la mort, et sa suppression doit être rangée parmi les utopies philanthropiques avec la paix perpétuelle et la prolongation indéfinie de la vie humaine.» [lxii]

Auri sacra fames, disait déjà le poète latin VIRGILE. Ce que l'on pourrait traduire, car le sacré est ambivalent, par la « soif diabolique de l'or » ou la soif criminelle, car elle a conduit à bien des crimes, privés ou d'État. Tous les moralistes le notent.

Cette soif peut se traduire par un simple désir de possession, comme dans le cas de l'Harpagon de MOLIÈRE, qui n'en fait pas grand-chose. Mais il possède, comme le souligne le poète latin HORACE : « Ceci rappelle un certain Athénien avare et riche qui avait coutume de mépriser les cris du peuple : "Le peuple me siffle ; mais moi je m'applaudis à la maison en contemplant mes écus dans mon coffre !" » [lxiii]

Elle peut être celle de la richesse qui peut tout acheter, corps, consciences, pouvoir politique, luxe ostentatoire, biens culturels et même la réputation d'être un génie ou un philanthrope, comme le font croire certains thuriféraires de milliardaires américains. Comme dans le terrifiant roman *L'Argent* de ZOLA.

Ce peut être le désir de posséder l'impossible, de réaliser des rêves fous.

> **Tu sais ce que je voudrais qu'on me donne ?**
> **Une ombrelle à pois rouges.**

Légende d'un dessin de FORAIN. *L'Assiette au beurre.* 1900.

Ou plus simplement le luxe d'acheter l'hiver, au coin de la rue, un cornet de châtaignes:

> **Si j'avais 50.000 francs de rente, j'achèterais un hôtel ;**
> **si j'avais 2 fr. 50, j'irais dîner chez Léon ; si j'avais deux**
> **sous, j'achèterais des marrons.**

Légende d'un dessin de MARIO, *l'Assiette au beurre,* 1900.

Elle peut être créée par la nécessité.

> **Moi, c'est pas d'faire la bombe avec des gonzesses, qu' ça me tente, mais faudrait au moins bouffer à des jours pu réguliers !**

La scène représente deux clochards devant l'entrée d'un grand restaurant. (Gravure signée P. R., *l'Assiette au beurre.* 1900.*)*

Elle peut découler d'une frustration ou du souvenir d'une frustration.

> **Amène-toi, Mélie, tu vas attraper une indigestion**

Légende d'une caricature représentant "un poulbot" attendant une gamine le visage collé à la vitre d'un grand restaurant. MIRANDE, *L'Assiette au beurre.* 1902.

Ou de n'avoir pu réaliser des rêves de jeunesses, même s'ils étaient peu réalistes, par exemple de devenir « *Riche et célèbre»* (*quacumque*, par n'importe quel moyen), qui est l'ambition avouée de nombre de candidats à diverses émissions télévisées, sans que l'on sache, de ces deux termes quelle est la cause et quelle est la conséquence.

> **Si, selon mes goûts, on m'avait fait entrer au théâtre, je serais une Sarah Bernard, au moins.**

Légende d'une caricature de A. CLÉMENT. *L'Assiette au beurre.* 1900.

Elle peut provenir de la comparaison avec autrui. Avoir plus que les autres, ou avoir ce que les autres n'ont pas.

> **- Tu as l'air triste, à quoi penses-tu ?**
> **- Je pense à tous ces pauvres bougres qui n'ont pas d'endroit où poser leur tête.**

dit un jeune homme, la tête posée sur les genoux d'une jeune femme assez dénudée. *L'Assiette au beurre.* 1900.

De plus, la fascination de l'argent s'accompagne d'une fascination pour les gens riches et leur mode de vie supposé. Bill Gates, l'actionnaire principal de Microsoft, raconta un jour qu'on lui demandait à quoi lui servait sa fortune, que cela lui permettait de choisir ses vins sans regarder leur prix. C'est effectivement commode et cela peut faire rêver. Espérons qu'il n'est pas atteint d'agueusie !

C'est cette fascination qui explique sans doute l'inexplicable succès de la chronique « people » qui envahit tous les médias, même ceux qui s'auto proclament « de référence ». Et ce n'est pas uniquement un travers populaire. Après tout, le roman de M. Proust, *A la recherche du temps perdu,* est en partie une série de fantasmes sur les gens très riches, de souche très ancienne (les Guermantes) ou vraiment nouveaux riches (les Verdurin). Proust était d'une famille riche, mais pas très riche. En effet, comme aurait dit le baron de Charlus, un de ses personnages, ces gens-là n'avaient aucune situation en l'an mille.

Enfin certains pensent que la vraie richesse est physique et que rien ne remplace les monnaies sonnantes et trébuchantes, métalliques dirait-on de nos jours. « Les versets du Coran ainsi que le Hadith ci-dessus démontrent que l'or et l'argent ont été créés par Allah le Très Haut qui les a dotés d'une grande valeur, et que cette même valeur survivrait au monde terrestre pour demeurer dans le prochain. Les versets démontrent également qu'Allah le Très Haut, dans Sa Sagesse, a créé l'or et l'argent pour qu'ils soient utilisés, parmi d'autres moyens, comme monnaie d'échange. Quiconque est assez aveugle pour mettre au défi ce fait clairement établi devra se préparer à défendre son point de vue le Jour du Jugement.» [lxiv]

La condamnation de la richesse

Une des plus célèbres et des plus anciennes est celle du fondateur du christianisme. (MARC, 10 et sq.) «Comme il se mettait en route, quelqu'un vint en courant et se jeta à genoux devant lui; il lui demandait: "Bon Maître, que dois-je faire pour recevoir la vie éternelle en partage ? "

Jésus lui dit: "Pourquoi m'appelles-tu bon? Nul n'est bon que Dieu seul. Tu connais les commandements: Tu ne commettras pas de meurtre, tu ne commettras pas d'adultère, tu ne voleras pas, tu ne porteras pas de faux témoignage, tu ne feras de tort à personne, honore ton père et ta mère."

L'homme lui dit: "Maître, tout cela, je l'ai observé dès ma jeunesse."

Jésus le regarda et se prit à l'aimer; il lui dit: "Une seule chose te manque; va, ce que tu as, vends-le, donne-le aux pauvres et tu auras un trésor dans le ciel; puis viens, suis-moi." Mais à cette parole, il s'assombrit et il s'en alla tout triste, car il avait de grands biens.

Regardant autour de lui, Jésus dit à ses disciples: "Qu'il sera difficile à ceux qui ont les richesses d'entrer dans le Royaume de Dieu!" Les disciples étaient déconcertés par ces paroles. Mais Jésus leur répète: "Mes enfants, qu'il est difficile d'entrer dans le Royaume de Dieu! Il est plus facile à un chameau de passer par le trou d'une aiguille qu'à un riche d'entrer dans le Royaume de Dieu." Ils étaient de plus en plus impressionnés; ils se disaient entre eux: « Alors qui peut être sauvé?» Fixant sur eux son regard, Jésus dit: « Aux hommes, c'est impossible, mais pas à Dieu, car tout est possible à Dieu. Beaucoup de premiers seront derniers et les derniers seront premiers.»

Cette exaltation, verbale, de la pauvreté s'est poursuivie au cours des siècles.

«N'est-ce pas aux pauvres, dit Bossuet, qu'a été envoyé, le Sauveur. Dieu m'a envoyé, nous dit-il, pour annoncer l'Évangile aux pauvres. O pauvres que vous êtes heureux, parce qu'à vous appartient le royaume de Dieu Si c'est donc à eux qu'appartient le ciel, qui est le royaume de Dieu dans l'éternité, c'est à eux aussi qu'appartient l'Église, qui est le royaume de Dieu dans le temps. L'Église de Jésus-Christ était une assemblée de pauvres, et, dans sa première fondation, si les riches y étaient reçus, dès l'entrée ils se dépouillaient de leurs biens et les jetaient aux pieds des apôtres, afin de venir à l'Église, qui était la ville des pauvres, avec le caractère de la pauvreté tant le Saint-Esprit avait résolu d'établir dans l'origine les prérogatives éminentes des pauvres, membres de Jésus-Christ.» [lxv] Mais Bossuet n'est pas François d'Assise, et que l'on sache, il n'a pas donné tous ses biens aux pauvres.

Une autre condamnation est bouddhiste. Difficile à appréhender pour un occidental, car le bouddhisme fait appel à des concepts qui lui sont peu familiers, hélas ! Cependant : « Notre problème aujourd'hui, c'est que nous ne croyons plus aux choses, mais aux symboles, avec pour conséquence que notre vie est oblitérée par ces symboles et leur manipulation, et que nous nous retrouvons manipulés par ces symboles que nous prenons tellement au sérieux. Nous ne sommes pas tant préoccupés par ce que l'argent peut nous procurer, mais par le pouvoir et le statut qu'il procure, non pas tant par la Mercedes en elle-même, mais par ce que sa possession dit de nous. » [lxvi]

Des condamnations, il y en eut aussi de civiles.

«Dès que le Luxe, auteur des besoins inutiles,
Né du faste des Cours, a passé dans les Villes,
Et que la Pauvreté passe pour le seul vice,
La fureur de briller s'unit à l'avarice :
Le Dieu des cœurs, c'est l'or. La soif d'en acquérir
Excite à tout oser, condamne à tout souffrir.
L'honneur et la vertu, vains noms, frein ridicule ,
Inventé pour les sots, dupes d'un sot scrupule...» [lxvii]

Mais ce sont des paroles verbales, dirait le Canard Enchaîné

Le dédain de la richesse

C'est un mécanisme de défense psychologique assez classique qui consiste à proclamer son dédain pour ce que l'on n'a pas ou ne peut avoir. C'est le célèbre : « *Ils sont trop verts et bons pour des goujats.* » du renard de la fable.

C'est aussi le classique « *L'argent ne fait pas le bonheur.* »

T'as raison, c'est pas ceux qu'habitent les beaux hôtels qu'est le plus heureux !

---

disent trois maçons dans une caricature de GRANVILLE.

De façon générale, on remarque que l'argent, s'il peut apporter des biens matériels, ne peut rien dans le domaine des sentiments.

« L'argent…
- Il peut acheter une maison… mais pas un foyer.
- Il peut acheter un lit… mais pas le sommeil.
- Il peut acheter une horloge… mais pas le temps.
- Il peut acheter un livre… mais pas la connaissance.
- Il peut acheter une position… mais pas le respect.
- Il peut payer le médecin … mais pas la santé.
- Il peut acheter du sang… mais pas la vie.
- Il peut acheter du sexe… mais pas de l'amour.» [lxviii]

On se console comme on peut !

Les formes de la richesse

Il faut distinguer, au moins, les flux financiers immédiatement disponibles et renouvelables et les immobilisations Ces dernières sont de la richesse gelée en quelque sorte, dont la valeur réelle ne se connaît que le jour de sa réalisation.

« *Les paysans vivent pauvres et meurent riches* » disait LE ROY LADURIE au 20° s. Ils passent en effet leur temps à rembourser leurs emprunts d'achats fonciers et à vivre de subventions.

Ces formes de richesse n'ont pas, en France, le même statut fiscal. Les flux sont très imposés, par exemple les salaires. Les immobilisations beaucoup moins. Il y a certes un impôt sur la fortune, mais ne sont imposables ni les œuvres d'art, ni les forêts, ni les biens professionnels, ni Dieu sait quoi encore, toutes choses qui forment une bonne part des fortunes anciennes et solides.

Elles ne répondent pas non plus aux mêmes formes du plaisir d'être riche. Posséder et dépenser sont deux choses assez différentes. Et certaines personnes dépensent sans posséder, hélas!

Il faut enfin signaler une pauvreté individuelle qui s'accompagne d'une richesse collective. C'était le cas des moines d'autrefois, qui faisaient vœu de pauvreté personnelle mais vivaient au sein de monastères riches et puissants. Il suffit de penser aux Templiers dont l'Ordre disposait d'une colossale fortune. C'est de nos jours le cas de bien des apparatchiks, dont les salaires sont relativement faibles, mais qui ne mettent jamais la main à la poche.

Les sources de la richesse

On vante la vertu, mais elle se morfond.
Ces richesses, l'objet d'un respect si profond,
Ces terres, ces jardins, ces superbes portiques,
Et ces tables de prix et ces vases antiques,
Et cette coupe d'or d'où saillit un chevreau,
Comment les obtient-on? En bravant le bourreau.
JUVÉNAL, *Satire 1, trad. Raoul, 1842.*

Hygiène.
- Docteur, où puis-je cracher ?
- Si c'est de l'argent, dans ma main !
Légende d'un dessin de FAIVRE. *L'Assiette au beurre.* 1902.

Les sources de la richesse sont très diverses. L'ingéniosité des hominidés, qui a fini par donner l'homme, a aussi imaginé de très nombreuse façons de s'enrichir, surtout aux dépens des autres. Les sources que nous proposons tiennent donc un peu d'un catalogue à la Prévert.

Par ailleurs, s'enrichir suppose deux choses. Une prédisposition personnelle, c'est à dire certaines caractéristiques psychologiques et morales et un environnement opportun, c'est à dire des conditions socio-économiques favorables.

Enfin, il faut distinguer les grosses fortunes (de l'ordre du milliard de dollars) et les fortunes dues à de brillantes carrières (de l'ordre de quelques millions de dollars). Elles n'ont évidemment pas les mêmes sources.

Les vertus

Nous prenons "vertu" au sens large englobant aussi bien la "*virtus*" romaine que les vertus théologales, étant entendu par ailleurs que vices et vertus forment un continuum, et que selon l'objectif poursuivi et les circonstances, les uns ou les autres peuvent être les plus efficaces.

Les vertus supposées

> Te Deum laudamus...
> *(Nous te louons, ô Seigneur...)*
> Hymne catholique.

Célébrer les vertus éclatantes des grands de ce monde est un des travers constants de l'humanité. Ce peut être de bonne foi, avec plus ou moins de naïveté. Ce peut être œuvre de courtisan, avec espoir de retour sur investissement. Ce peut être pur et simple travail salarié, comme dans le cas de ces « publicités rédactionnelles », délivrées par les agences de pub.

Nous reprenons ci-dessous un de ces hymnes, rédigé par une journaliste. La citation est un peu longue et dépasse la taille habituelle d'une citation académique, mais le texte ne prend tout son sel que « dans son jus ».

Ils n'ont pas peur de l'échec. "La différence entre les gagnants et les perdants, c'est que les premiers savent profiter de l'échec", écrivait l'an dernier Rosabeth Moss Kanter, professeur à la Harvard Business School, dans la revue de cette dernière.

La persévérance – la capacité à surmonter efficacement un échec quand on n'a pas obtenu ce que l'on voulait – est une qualité importante pour quiconque souhaite réussir et se sentir bien dans sa peau. Pour les dirigeants, elle est indispensable. Un bon leader n'hésite pas à prendre le risque d'échouer car sa persévérance l'aidera à rebondir quand il sera amené à assumer les conséquences inévitables de ces risques.

Certes, mais il y a échec et échec. Le funambule qui rate son coup n'apprend rien : il est mort !

Ils se sont fixé un but. "Le thème principal d'Apple, c'est que nous pensons que les gens passionnés peuvent changer le monde", déclarait Steve Jobs en 1997 au cours d'une réunion interne."Et que ceux qui sont assez dingues pour penser qu'ils vont changer le monde finissent par le faire."

Par leur détermination, les leaders de l'envergure de S. Jobs s'efforcent de créer un produit qui ait du sens ou dont l'objectif transcende les simples résultats économiques de l'entreprise. En tentant de découvrir "l'âme" de l'entreprise, ils motivent leurs employés à donner le meilleur d'eux-mêmes pour donner vie à leur vision.

"Les dirigeants déterminés ne managent pas, ils captivent. Ils ne mettent pas en œuvre des initiatives mais se lancent dans de véritables croisades. Leur marque, loin d'être une simple étiquette, est un drapeau qui évoque le même esprit patriotique que celui qui flotte sur nos bâtiments gouvernementaux", écrit Joey Reiman, le PDG de BrightHouse,

Ils donnent. D'après le psychologue du travail Adam Grant, il existe trois types de personnes: ceux qui donnent, ceux qui prennent et les redistributeurs, c'est à dire ceux qui s'efforcent de faire en sorte que tout le monde s'y retrouve. Après avoir analysé les études psychologiques conduites depuis des années sur le sujet, et mené sa propre enquête, Grant est arrivé à la conclusion que ceux qui donnaient réussissaient le mieux.

"Ils motivent les autres à donner le meilleur d'eux-mêmes", expliquait-il en avril à Business Insider. "Notamment parce qu'ils arrivent à déceler le potentiel insoupçonné de chacun.

Ils savent se reposer. Les leaders reconnus n'oublient jamais de prendre régulièrement des vacances. La directrice technique de Cisco – qui supervisait plus de 22 000 personnes dans son précédent poste – prend le temps de méditer tous les jours, et fait un sevrage numérique le samedi afin de revenir en plein forme le lundi pour affronter les défis de la semaine avec sérénité.

Ils écoutent vraiment. La clé du succès de Bill Clinton est étonnamment simple: l'ex-président des États-Unis accorde toute son attention à chaque personne dont il fait la connaissance. D'innombrables anecdotes révèlent que son charisme légendaire est dû à sa capacité à se consacrer tout entier à chaque rencontre, ce qui en fait l'un des plus grands communicants des temps modernes.

"Je me suis toujours intéressé aux autres", écrit Clinton dans son autobiographie. "Je voulais faire leur connaissance, les comprendre, ressentir leurs émotions."

Ils sont à la recherche de nouveaux modes de pensée. Dans un monde compétitif en perpétuelle évolution, la créativité fait partie des qualités essentielles des dirigeants. Elle leur permet d'anticiper les changements susceptibles d'affecter leur entreprise ou leur projet. Un leader créatif sait être réceptif.

Ils ont une grande ouverture d'esprit. C'est le trait de personnalité le plus fréquent chez les créateurs à succès. Des études en psychologie du travail ont également démontré que c'était l'une des caractéristiques les plus courantes des dirigeants, juste derrière l'extraversion.

Les leaders doivent être suffisamment souples d'esprit pour s'adapter aux changements et aux difficultés, ce qui découle d'une ouverture aux nouveautés et aux approches de travail différentes.

Ils font preuve d'empathie. L'empathie ne fait pas vraiment partie des idées que l'on se fait du monde du travail aux États-Unis. Mais les dirigeants empathiques – qui se préoccupent réellement de ceux qui travaillent pour eux – sont généralement les managers les plus efficaces, parce qu'ils inspirent leurs employés et se font naturellement des alliés. Un leader empathique est davantage capable d'établir des relations avec les autres et de comprendre leur point de vue. Il peut également s'appuyer sur ces relations en cas de besoin. [lxix]

Remarquons que l'auteur ne distingue pas entre dirigeants, leaders, créateurs, gens qui réussissent, etc. Alors qu'on peut penser qu'ils font preuve de qualités assez différentes Elle mélange par ailleurs allègrement des hommes politiques, des hommes d'affaires, des *First ladies* ! Et en fait des héros de romans de cape et d'épée. Zorro n'est pas loin ! Mais cela permet probablement de vendre des séminaires de développement personnel coûteux et vides. Cependant, après tout, l'effet *placebo* n'est pas à négliger.

On peut d'ailleurs remarquer que les qualité morales et intellectuelles des gagnants à la Loterie Nationale sont du même ordre. Il leur faut de la patience et de la ténacité, car on ne gagne pas à tous les coups. Il leur faut de l'intuition pour deviner les numéros gagnants. Et de la prudence pour ne pas se faire voler leur billet. Il leur faut surtout, comme à tant d'autres gagnants en tous genres, une chance insolente !

Des caractéristiques plus réalistes

> *O cives, cives, quaerenda pecunia primum est ; virtus post nummos !* » :
> Citoyens, citoyens, il faut gagner de l'argent d'abord ; la vertu ne vient qu'après !
> HORACE, *Épîtres, 1.*

Avant même de parler des individus, il faut parler d'un facteur qui les dépasse : la chance.

KARL POPPER, un des plus grands savants, du 20 ° siècle, logicien, épistémologue, qui pouvait discuter avec Einstein, écrit « ... la réussite d'une vie est en grande partie une affaire se chance. Elle a peu à voir avec le mérite et, dans tous les domaines de la vie il y a toujours eu beaucoup de gens de valeur qui n'ont pas réussi. » [lxx]

Dans *La Prise de la redoute,* MÉRIMÉE mets en scène lors de la guerre de Crimée, un simple sergent qui se retrouve capitaine après la mort au combat de ses supérieurs hiérarchiques. Sa qualité principale est d'avoir survécu par pur hasard.

Deux militaires.
- Si c'était sous Napoléon 1°, au lieu d'être brigadier, je serais peut-être colonel !
- Ce qu'il y a de certain, c'est qu tu serais mort depuis longtemps.

Légende d'un dessin de RICARDO FLORES. *Le Rire.* 1906.

Il y a une autre élément, qui, lui, relève du hasard : l'appartenance au sexe fort. Certes il y des figures historiques: Cléopâtre, Jeanne d'Arc, etc. ou contemporaines : telle ou telle Présidente ou Premier ministre de pays importants, qui appartiennent au sexe dit faible. Mais statistiquement, la réussite est affaire d'hommes. La plupart des femmes très riches sont des héritières ou des veuves. «D'ailleurs, force est de constater que la plupart des grandes fortunes féminines... sont en réalité des héritages ! Parmi les dix femmes les plus riches du monde, huit sont en effet des héritières de grands groupes créés par leurs parents ou grands-parents. » [lxxi] Et actuellement, la première fortune de France est celle d'une héritière et la seconde, celle d'une veuve.

Quant aux caractéristiques psychologiques des individus qui réussissent, elles sont à peu près les mêmes qu'il s'agisse un petit dealer de quartier, d'un *capo* d'une maffia, d'un capitaine d'industrie ou d'un chef de guerre.

> **LES PETITS DIRIGEANTS**
> **Quand on joue aux chevaux, c'est moi le cocher; aux voleurs, c'est moi le gendarme ! c'est toujours conne çà, na !**

Légende d'un dessin représentant un gamin dirigeant un attelage de trois autres gamins à quatre pattes. MIRANDE. *L'Assiette au beurre.* 1902.

La première de ces caractéristiques est un fonds de violence. Elle ne s'exprime pas toujours physiquement, bien que cette violence physique soit souvent sous-jacente et s'exprime par certaines attitudes. Mais elle s'exprime moralement par un non respect des règles que la plupart des autres s'imposent. Pour eux la façon la plus simple de gagner consiste à renverser l'échiquier. et ils ne s'en privent pas.

La deuxième est une confiance en soi absolument inébranlable, quasi pathologique. Napoléon 1° subit un défaite épouvantable, la retraite de Russie, est chassé du pouvoir et de France, mais revient jusqu'à finir à Waterloo, quelque cinquante mille morts et blessés plus tard. Il n'a plus de soldats et personne ne lui fait plus confiance, car tout le monde qui l'entoure est fatigué, mais lui serait prêt à continuer.

Cette confiance en soi entraîne, assez curieusement une confiance des autres, là aussi parfois pathologique, qui peut les amener à des sacrifices considérables, souvent l'argent, parfois la vie.

Et cette confiance en soi leur donne aussi le sentiment d'être au centre du monde.

> **LE COQ**
> **Si je ne chantais pas le matin, savoir si le soleil se lèverait !**

Légende d'une gravure de ROUBILLE, *Le Rire*, 1898.

Vient ensuite un égoïsme sans failles. Ces individus sont prêts à sacrifier leur parole, leur honneur et surtout ceux des autres. En effet, leur mépris d'autrui n'a d'égal que l'admiration qu'ils se portent. Les autres sont des marche-pieds ou des paillassons.

> **Je vous présente un petit gaillard qui vous donnera bien de la satisfaction. Hier, il s'est mis à pleurer en me voyant faire la paie des ouvriers.**

Légende d'un dessin de MALTESTE, *L'Assiette au beurre,* 1906.

Au mieux, il s'agit d'une cruelle indifférence.

> **Pas mangé depuis huit jours ? C'est très intéressant ! Mon ami, passez donc me voir à mon cabinet que je vous examine.**

Légende d'un dessin de NOB, représentant un pauvre hère et un homme manifestement riche. *Le Rire.* Vers 1900.

Une autre caractéristique est l'absence de sens moral. La morale est alors considérée comme une particularité des faibles, sinon des ratés. Et souvent, non seulement, on ne pratique pas le bien, mais on ne distingue même pas le bien du mal. Et l'univers est organisé selon une dichotomie simple : ce qui sert mes intérêts / ce qui ne les sert pas.

« - De quel côté êtes-vous ?

- Du mien. » [lxxii]

Là aussi, il faut prendre "intérêts" au sens large. Ce peut être la simple et sotte gloire de laisser un nom dans l'histoire immédiate.

Une autre composante est une prise de risque excessive. Ayant une très forte confiance en soi, se croyant invulnérables, ils prennent des risques insensés. Les gens qui réussissent sont des survivants qui ont laissé bien des morts derrière eux. Ils auraient pu y mourir comme tant autres.

Les spécialistes chinois anciens ne disaient pas autre chose.

«Qu'un général ait de la valeur, à la bonne heure ; mais s'il n'a que cette qualité, je ne crains pas de le dire, il n'est point digne de commander. La valeur seule n'est pas assez prévoyante, elle va toujours en avant, et ne considère pas assez ses véritables intérêts ; elle présume trop d'elle-même, et se met trop aisément au-dessus de toute espèce de crainte ; elle n'est pas assez attentive, et croirait se dégrader si elle prenait de certaines précautions, fussent-elles guidées par la sagesse elle-même.» [lxxiii]

On peut aussi signaler une absence de stratégie et particulièrement d'objectifs clairs. Qu'est-ce qu'Alexandre de Macédoine allait faire aux Indes ? Qu'est ce que Napoléon 1° allait faire en Russie ? Même leurs officiers les plus proches n'y comprenaient plus rien et voulaient en finir.

Ils aiment commander et donc être obéis.

« A tout ce qu'il te demandera
Tu répondras : oui, constamment.
Et tout ce qu'il te dira
Tu le croiras aveuglément.
Ses ordres exécutera
Sans raisonner aucunement. »

ALFRED LE PETIT. *Le Grelot*, 1872.Coll. BNF.

Enfin, on peut les considérer comme des monomaniaques. Ils ne pensent qu' à une chose, gagner de l'argent ou du pouvoir et aux moyens d'y parvenir. D'où en général et en dehors de domaines très circonscrits, un manque de créativité, d'imagination, de fantaisie. Ils ne sont pas créateurs mais profiteurs. Cela se marque aussi sur le plan affectif. Ils ne sont pas très aimants et vont souvent jusqu'à mépriser tout ce qui est « sentimental »

D'ailleurs certains auteurs ont la dent particulièrement dure.

A. DE GOBINEAU : « M. Irnois était parti de rien. Ce n'est pas là ce qui m'émerveille; mais il n'avait pas l'ombre de talent; il n'avait pas non plus l'ombre d'astuce; il n'était que médiocrement coquin; quant à se faufiler auprès des grands et des petits, à capter d'utiles bienveillances, il n'y avait jamais songé, étant bien trop brutal, ce qui remplaçait chez lui la dignité (...) Ainsi matériellement et moralement M. Pierre-André Irnois ne possédait aucun moyen de faire comprendre comment il avait pu réaliser une énorme fortune et se placer au rang des puissants et des heureux. » [lxxiv]

Enfin, ils organisent le culte de leur personnalité.

Les politiques, rois princes, présidents ont, semble-t-il toujours organisé vis à vis d'eux un culte de la personnalité, de leur personnalité. Et l'on n'a jamais manqué de Pères de la patrie, de Petits pères des peuples, de Guides, de Sauveurs et de Génies. Et s'il y a des Mariannes dans les mairies, il y aussi des portraits du Président de la République en exercice.

Cette prétention de ceux qui se croient au sommet de la chaîne alimentaire, c'est à dire ceux pour lesquels tous les autres sont des proies, se retrouve aussi chez les princes de l'économie. Et leur richesse leur permet d'entretenir des hordes de courtisans, dont des journalistes dûment estampillés indépendants.

Voilà, mon cher maître, nous organisons des "succès" avec foule renouvelée devant les tableaux à partir de 125 francs. Le critique d'art plus ou moins connu, poussant des exclamations se paie à part... prix à débattre. Une discussion contradictoire entre deux journaliste attirant l'attention, c'est ce qu'il y a de moins cher... Après nous avons le simple figurant en extase... çà c'est cent sous par jour. Dimanche compris... Pour la presse, un éreintement par Pierre Veber, c'est hors de prix... mais un débinage par

> **M. Louis Vauxelles, ou M° Gustave Babin, c'est trois francs, tout compris.**

Le Rire, 1907. Il s'agit d'un salon de peinture, mais c'est valable dans tous les domaines.

C'est ainsi qu'un journal français utilise le terme de *Tycoon* pour saluer un de nos milliardaires. (*Tycoon* est un mot anglais dérivé du mot japonais *taikun* signifiant « grand seigneur » ou « grand prince », le terme étant lui-même d'origine chinoise. Wikipedia)

Les moyens

Il va de soi que les moyens employables sont assez différents, s'il s'agit de faire une simple carrière, même brillante, ou s'il s'agit de réaliser une énorme fortune.

Le travail

Pour mémoire. Car si le travail peut apporter une honnête aisance, il n'a jamais enrichi personne. C'est une condition nécessaire à la réussite, mais absolument pas suffisante. C'est bon pour une carrière, pas pour une fortune. D'ailleurs, l'exaltation du travail (pour les autres) est surtout le fait des exploiteurs de ce même travail.

L'intelligence

Comme pour le point précédent. Certaines formes d'intelligence sont évidemment nécessaires, mais pas obligatoirement les plus « intelligentes», comme par exemple la capacité à passer des concours, la mémoire, ou même le psittacisme, y jouant souvent un rôle primordial. Ne parlons pas des tests, généralement fort simplistes, qui testent souvent les formes les moins intéressantes et les moins innovantes de l'intelligence. On teste ce que l'on est capable de tester.

Les diplômes

Dans le privé, ce sont un point de départ. Dans le public, au moins en France, on les considère plutôt comme un point d'arrivée comportant des droits.

Si vous réussissez, ils feront bon effet dans votre CV. Sinon, tout le monde s'en moque.

Certains diplômes ne servent à rien, tels celui de glaciologue en Afrique tropicale. Si, si, ça a existé du temps de l'URSS !

Et il y a tellement de diplômés chômeurs de par le vaste monde.

Quartier de l'Europe
- La p'tite femme. "Vous vous appelez Birotteau. Tiens, j'ai été reçue bachelière en sciences à côté d'un Birotteau."
- Lui. "C'était mon fils."

Légende d'un dessin de GUYDO, montrant une jeune femme couchée et assez dénudée, bavardant avec un homme. Vers 1900. Le quartier en question était, à l'époque, un quartier de prostitution.

Cependant, comme pour bien d'autres choses, mieux vaut avoir des diplômes que ne pas en avoir !

Surtout, le diplôme est un marqueur social. Il ne démontre pas que vous êtes compétent, mais il montre que vous venez de tel milieu, que vous appartenez à telle coterie, autrement dit que vous avez les qualités morales héréditaires qu'exigent les entreprises et les centres de pouvoir.

« " Les études montrent que la moitié des responsables du gouvernement et la moitié des chefs des grandes entreprises viennent de seulement douze universités très sélectives ", a rappelé Richard Kahlenberg, un expert de la discrimination positive, le 11 décembre, dans les colonnes du New York Times. » [lxxv]

L'expertise

C'est un curieux monde que celui de l'expertise. En partie réglementé, en partie laissé à l'audace de chacun. Ce qui fait que certaines populations y sont sur-représentées.

Les EXPERTS
- Le texte, dites-vous, est de l'accusé, c'est entendu, mais pas les notes en marge, j'espère ?
-Si, Monsieur le Président, il ne saurait y avoir plus de doutes sur ce point que sur tout le reste.
- Mais voyons, ces notes sont de moi !

Légende d'une caricature de LAUNAY *r*eprésentant un juge et un témoin à la barre. *L'Assiette au beurre.* Vers 1900.

Il s'agit de graphologie, qui n'est enseignée dans aucune université française, car ne reposant sur aucune base scientifique. Cela n'empêche pas qu'elle soit utilisée par nombre de cabinets conseils dans les recrutements d'entreprise. Mais il est vrai que la gestion fait, elle aussi, partie des arts divinatoires. Certes Cicéron l'oublie dans son *De divitatione*, à tort ! Mais *augure* lui-même, il avait de singulières faiblesses pour certains de ses collègues.

Cependant les Universités s'y mettent « A l'Université de Metz, on peut se former à la psychothérapie EMDR (Eye Movement Desentisisation and Reprocessing) censée soigner les traumatismes enfouis par de simples mouvements des yeux. Mais il faut débourser 3 200 euros pour 145 heures de cours en deux ans, afin de décrocher le diplôme de "psychothérapeute EMDR, psycho traumatologue et compléments psycho pathologies.» [lxxvi] Cela n'est pas du goût de tous, et certains se plaignent de l'invasion de l'irrationnel, mais les Universités ont besoin d'argent !

Une des caractéristiques de l'expertise, c'est l'utilisation d'un langage obscur, jargonnant, souvent justifié par le caractère «pointu» de l'expertise même. Certains vont jusqu'au charabia.

«La différance donne à penser, même si Derrida soutient qu'elle n'est pas un concept mais la possibilité même du concept. Elle est impensable, infinie, innommable. Sa trace étant enfouie, effacée, oubliée, on ne peut la nommer qu'à partir du tracé laissé par son effacement ou par les chaînes d'autres mots qu'elle produit. Elle n'a jamais été inscrite dans aucune langue. Aucun mot ne peut la résumer. Elle n'est qu'une trace, mais aussi un mouvement actif, productif et conflictuel qui ouvre l'histoire, avec ses différenciations, ses codes, ses séries, son écriture.» (N.B. différance n'est pas une faute de frappe !) [lxxvii]

On s'en est régulièrement moqué. ÉRASME : « Ainsi nous imiterions ces rhéteurs de nos jours, qui se croient des dieux pour user d'une double langue, comme les sangsues, et tiennent pour merveille d'insérer en leur latin quelques petits vocables grecs, mosaïque souvent hors de propos. Si les mots étrangers leur manquent, ils arrachent à des parchemins pourris quatre ou cinq vieilles formules qui jettent la poudre aux yeux du lecteur, de façon que ceux qui les comprennent se rengorgent, et que ceux qui ne les comprennent pas les en admirent d'autant mieux. Les gens, en effet, trouvent leur suprême plaisir à ce qui leur est suprêmement étranger. Leur vanité y est intéressée ; ils rient, applaudissent, remuent l'oreille comme les ânes, pour montrer qu'ils ont bien saisi : " C'est ça, c'est bien ça ! " » [lxxviii]

Souvent, on va jusqu'au psittacisme, les auteurs semblant bien incapables de donner du sens à leur discours. Mais ce serait si vulgaire ! Et la psittanalyse a encor de beaux jours devant elle.

De plus, l'expert est rarement indépendant au sens fort du terme.

« L'expert est souvent médiocre, au sens où je l'ai défini. Il n'est pas incompétent, mais il formate sa pensée en fonction des intérêts de ceux qui l'emploient. Il fournit les données pratiques ou théoriques dont ont besoin ceux qui le rétribuent pour se légitimer. Pour le pouvoir, il est l'être moyen par lequel imposer son ordre.

L'expert s'enferme ainsi dans les paramètres souhaités par telle entreprise, telle industrie, tel intérêt privé. Il ne citera pas Coca-Cola dans une étude sur l'obésité parce que la marque a financé l'étude. Il affirmera que les variations climatiques ne sont pas liées à l'activité industrielle parce que Exxon Mobil subventionne ses recherches. Il nous faudrait un nouveau Molière pour faire subir aux experts le sort que l'auteur du Malade imaginaire a réservé aux médecins de son temps. » [lxxix]

Enfin, les experts ont une fâcheuse tendance à tirer des conséquences excessives des données limitées qu'ils possèdent.

> **Un formidable tremblement de terre a eu lieu.**
> **Nous ne savons pas où, mais les environs sont très**
> **affectés.**

Légende d'une caricature de L.M. représentant un savant. *Le Rire*, 1910.

Les activités qui se confortent mutuellement

Karl Marx n'était pas seulement l'auteur de ce gros pavé qu'est *Le Capital* et de quelques autres ouvrages. Il était aussi un membre très actif de la Première Internationale, où il s'efforça de faire triompher ses idées, qui ne plaisaient pas à tous, loin de là. Les deux activités se confortaient mutuellement, le théoricien donnant du poids à l'activiste et réciproquement.

Il en est de même si vous êtes romancier et critique littéraire, surtout si en plus, vous êtes lecteur chez un grand éditeur. Qui irait critiquer les romans de quelqu'un qui peut ou non, publier les vôtres ?

Quant aux livres qu'écrivent les politiques, ils ne sont pas faits pour être lus (sauf exception, ils se vendent très peu), mais pour que l'auteur passe à la Télévision, au prétexte qu'il a écrit un livre ! La publication du livre n'est faite que pour conforter d'autres activités.

L'héritage

> *Qu'avez-vous fait pour tant de biens ? Vous vous êtes donné la peine de naître, et rien de plus.*
> BEAUMARCHAIS, *Le Mariage de Figaro.*

Hériter est la voie royale, surtout si elle est accompagnée d'un droit d'aînesse qui concentre la richesse familiale sur une seule tête.

« Mon fils, dit-il à l'un, docte ou non, sot ou sage,
» Dévot ou libertin, l'Église est ton partage.
» Vous, ma fille, il vous faut, renonçant à l'amour
» Dans un Cloître béni, reléguer sans retour ;
» Afin que votre aîné, plus riche en votre absence,
» Me fasse, dans le monde,. honneur par sa dépense.»[lxxx]

En France, plus qu'ailleurs, l'héritage est primordial dans la constitution de la richesse.

«... les français (riches) sont les plus âgés et les moins méritants pour un pays industrialisé comme le nôtre. Plus des deux tiers doivent leur fortune à l'héritage, alors que 80 % des britanniques et 68 % des américains sont des self-made-men ! » [lxxxi]

Voici les pourcentages des héritages de plus de 100.000 euros selon certaines catégories socio-professionnelles en France, d'après L'Observatoire des inégalités.

Profession libérales 30%

Agriculteurs 22%
Artisans commerçants 16%
Retraités 26%
Ouvriers 9%

Mais il n'y a pas qu'en France. Aux USA, pays, dit-on, des *self made men,* la plupart des candidats aux élections présidentielles sont des héritiers de grosse fortunes et non des entrepreneurs ayant réussi.

De plus, la richesse est rarement héritée seule. On peut citer *Eugénie Grandet,* l'héroïne d'un roman de BALZAC, qui hérite d'une immense fortune, mais sans famille, sans relations. Elle ne sait littéralement qu'en faire, à part un peu la charité envers des pauvres du voisinage.

En général, on hérite d'un ensemble : famille, alliances, relations, bonne éducation, culture bourgeoise, vernis intellectuel... et même diplômes et surtout confiance en soi ! Et c'est cet ensemble qui permet de constituer des dynasties. Et de nos jours, il y a même des dynasties d'histrions. Ou de Présidents. Il y faut d'ailleurs les mêmes talents.

Et de riches héritières héritent même, de nos jours, de partis politiques !

L'héritage permet aussi d'avoir des parts dans un journal et d'y signer des éditoriaux qui feront de vous un philosophe ou de produire des films qui feront de vous un génie. Cela peut ensuite se monnayer à nouveau. L'argent, au delà d'un certain montant, est une vis sans fin !

Le veuvage

- **Je voudrais être duchesse.**
- **Oh moi, je ne tiens pas au titre. je veux être riche.**
- **Et vous, Aline, que voudriez vous être ?**
- **Veuve...**

Légende d'un dessin de PAUL IRIBE. *L'Assiette au beurre,* 1906.

C'est une variété d'héritage, mais qui suppose d'avoir auparavant fait un beau mariage. Il est facilité par le fait que statistiquement les femmes vivent plus longtemps que les hommes dans les pays occidentaux. « En 2008, la France comptabilise 3 356 609 veuves et 678 844 veufs. » (Wikipédia) L'argent plus la liberté, c'est quand même l'idéal.

La beauté

> *Le premier bien est la santé, le deuxième la beauté, le troisième la richesse*
> PLATON.

Elle est tout aussi injustement distribuée que les héritages et c'est, de plus, un capital qu'il faut savoir faire fructifier. « Combien de filles à qui une grande beauté n'a jamais servi qu'à leur faire espérer une grande fortune! » *(*LA BRUYÈRE) Des cover-girls, des mannequins, des comédiennes ont cependant pu ainsi faire de belles carrières. Par ailleurs, les maîtresses ou les amants de nos rois et de nos princes étaient dotés de physiques avantageux, si l'on en croit les portraits laissés par les peintres. Portraits flattés évidemment ! Mais moins outrageusement que ceux des reines, probablement.

Dans certaines situations, la beauté peut cependant être un handicap, suscitant jalousies et autres problèmes. Avoir une supérieure hiérarchique laide lors que l'on est une jolie femme, n'est pas de tout repos.

Et elle peut être coûteuse, *in fine*, lorsqu'il s'agit « de réparer des ans l'irréparable outrage». « La chanteuse Rihanna dépense 132.200 euros par mois...en produits de beauté ! » [lxxxii]

Mais en général, elle est un atout. Surtout, la laideur est, elle, un véritable handicap, particulièrement psychologique : manque de confiance en soi, vie solitaire, etc.

Le beau mariage

> *De ce contrat si saint vous faites un marché,*
> *Et vous prenez un gendre, après une rencontre,*
> *Non pour ses qualités, mais pour l'argent qu'il montre.*
>
> F. PONSARD. L'honneur et l'argent. 1830.

En français courant, le beau mariage est un riche mariage, c'est à dire avec une héritière déjà richement dotée:

> **Une dot est une grosse dot quand elle s'élève au double des dettes du mari.**

MAURICE PRAIN. *La Vie Parisienne.* 1905.

«La dot à la laideur prête bien des appâts.» (PONSARD.)

Sinon, on parle de mariage d'amour, avec parfois une teinte de condescendance sinon de mépris !

Le beau mariage a toujours existé et sous Louis XIV, Lauzun, favori du roi qui fit un grand seigneur de ce simple gentilhomme, a bien tenté d'épouser Mlle de Montpensier, cousine du roi, la princesse la plus riche et la plus titrée d'Europe. Mme de Sévigné en fit des gorges chaudes dans une de ses lettres les plus célèbres. Le roi accepta puis se ravisa. Et Lauzun fit dix ans de forteresse ! C'est un métier difficile.

> **Lourdes**
> **1° brancardier : Quel métier, hein ?**
> **2° brancardier : Patience, nous finirons bien par le décrocher, le beau mariage.**

Légende d'un dessin de HERMAN PAUL. *L'Assiette au beurre.* 1901.

Au 19° siècle, c'était plutôt des hommes appartenant à une noblesse appauvrie qui épousaient de riches héritières, américaines entre autres. De nos jours, ce sont plutôt de jolies filles rêvant d'épouser un milliardaire, financier ou vedette du show-biz, qu'importe !

Il n'est peut-être pas fréquent dans la réalité, mais il l'est extrêmement dans les romans, les télénovelas, les Bollywood movies et les fantasmes de certain(e)s.

Mais comme pour tout, il y a un prix.

> **Beau mariage.**
> **LUI : Et maintenant, il s'agit de gagner son argent.**

Légende d'une caricature de HERMAN PAUL. *L'Assiette au beurre.* Vers 1900.

Les enfants

En Europe, ils sont plutôt une charge de bout en bout.«*Bien sûr qu'on n'a pas des enfants pour le plaisir.*» dit un jardinier dans *Les affaires sont les affaires* d'O. Mirbeau. Dans d'autre régions du monde, ils sont une ressource, même très jeunes, car ils sont une force de travail non négligeable. Mais surtout, une fois adultes, ils seront «taxables», c'est à dire qu'on les fera payer pour tout et pour rien, au prétexte qu'on les a élevés. On n'ose quand même pas dire «éduqués». Avoir trois femmes et dix-huit enfants est en fait un investissement. Mais c'est une industrie à forte intensité capitalistique, ce qui en bon français veut dire qu'il faut être d'abord capable d'investir.

La double nationalité

Elle peut être utile en offrant une retraite sûre en cas de difficultés insurmontables. On fait des affaires dans un pays et on se réfugie dans l'autre, la plupart des pays n'extradant pas leurs nationaux. Un passeport diplomatique peut aussi avoir son utilité pour éviter un certain nombre de contrôles.

La corruption

Suivant les pays ou les époques, elle peut être généralisée ou restreinte à certaines hautes sphères et à certaines activités, telle que l'exportation d'armes.

Dans certains pays, elle est si coutumière qu'elle commence à l'aéroport, avant même la douane et s'étend à toutes les sphères, même celle des entreprises privées où il est impossible de se faire payer une facture sans graisser la patte de quelques bureaucrates. Elle s'étend à l'armée, la police et évidemment les douanes. Il faut payer pour y être recruté et ensuite verser une redevance mensuelle à ses supérieurs hiérarchiques. De tels soldats sont ensuite utilisés par l'ONU pour des missions de maintien de l'ordre et évidemment gardent leurs bonnes habitudes ! Elle envahit jusqu'au sommet de l'état. Et lorsqu'on dit, à propos de tel secteur économique : « La Présidence s'y intéresse», cela veut essentiellement dire qu'il est sage de ne pas s'y intéresser personnellement. Évidemment, le crime organisé n'est pas très loin.

De proche en proche, elle contamine l'international et de grandes organisations mondiales y participent allègrement. Dans le sport, par exemple...

Certaines professions sont plus frappées que d'autres. Les agents d'autorité évidemment :

Invraisemblance.
A qui ferez vous croire, fille untel, qu'un agent ait accepté vos faveurs et sollicité de l'argent

---

Légende d'un dessin de GRANDJEAN, *L'Assiette au beurre.* 1904. La scène se passe dans un commissariat.

Mais aussi les agents d'influence.

Le chef de gare au journaliste.
- Voici votre permis   Plus d'accidents n'est-ce pas ?

> **- Je les mettrai sous la rubrique : voyageurs victimes de leur imprudence**

Légende d'un dessin de POULBOT. *L'Assiette au beurre.*1903.

Cela permet des fortunes qui certes ne sont pas classées dans Forbes, mais très conséquentes cependant.

Pour la corruption, la France se situe au 22° rang sur 177 pays en 2013, selon Transparency International. Sont en cause essentiellement les passations de marché publics et l'immobilier. Le citoyen lambda est rarement touché directement. Mais il paie indirectement par les impôts, car il faut bien boucher les trous.

La fraude

Elle peut prendre deux formes principales: frauder l'état ou frauder le consommateur. En France, la fraude aux impôts (essentiellement la TVA) cause 80 milliards de pertes par an à l'État. C'est donc loin d'être négligeable.

La fraude vis à vis des consommateurs est plus difficile à évaluer. Rarement décelée, sauf quelques cas retentissants, elle utilise surtout des formes subtiles du mensonge, publicitaire entre autres ou des informations alambiquées et incompréhensibles.

On peut signaler une troisième forme, celle de la faillite, qui consiste à ne pas rembourser ses créanciers et cela de façon tout à fait légale. Elle fut très à la mode autrefois.

«- L'on prétend que son père a failli trois fois.

- On en dit tant !

- De là vient sa fortune.

- Il ne m'importe guère. Le fils est innocent des fautes de son père.

- Pourtant il en profite.» [lxxxiii]

Elle est moins à la mode de nos jours, sauf dans le cas des très grandes institutions *too big to fall*, c'est à dire que les états sont en devoir de renflouer, sauf à ruiner des pans entiers de l'économie et de la population.

Tricherie, plagiat, ...

Ce sont des variétés de fraude. Tricher c'est ne pas respecter les règles du jeu que les autres sont obligés de respecter. Étant donné le nombre de règlement auxquels les français sont tenus de se plier (« les lois sont très nombreuses lorsque l'État est très corrompu », disaient les Romains), les occasions de tricher sont innombrables. La construction immobilière en a offert des exemples fameux.

Le monde scientifique et particulièrement celui de ses publications n'en est pas exempt. « Des scientifiques respectés, tels l'américain JOHN IOANNIDIS , prétendent même que 85 % des articles scientifiques seraient faux ou n'apporteraient rien. » [lxxxiv]

Exemple bien français. Au milieu du 20° siècle, un sociologue fait paraître sa thèse, *L'analyse mathématique des faits sociaux*. En fait, il s'agissait de statistiques appliquées aux faits sociaux, mais *mathématique* faisait meilleur effet. La chose paraissait prometteuse, mais c'était sans compter avec l'informatique qui pouvait être utilisée par tout un chacun pour vérifier la validité des équations proposées. Les résultats étaient bizarres car les corrélations obtenues dépassaient - 1 ou +1, alors que par définition de tels coefficients ne peuvent varier que entre -1 et +1. L'auteur promit des modifications dans une nouvelle édition de son ouvrage. Modifications qui ne modifièrent rien aux résultats obtenus. Quelques statisticiens, non français bien sûr (ah! Ces Belges...), se plaignirent, mais l'on en resta là. L'auteur, lui, finit professeur à l'université, car après tout, normalement, tout normalien a droit à un poste. Et il écrivit sur... la Morale ! L'avantage de cette discipline est qu'elle ne se prête pas aux vérifications empiriques.

Quant au plagiat, Internet lui a offert une extension inimaginable il y a peu. Même les lycéens s'y sont mis!

La spéculation

> *Oh ! que l'avare est dur, cupide, impitoyable !*
> *Dans ses vastes greniers il entasse des grains;*
> *En spéculant sur de sordides gains,*
> *Il dévore, épiant le moment favorable,*
> *La substance du malheureux,*
> *Et sait mettre à profit les temps les plus fâcheux.*
> *Si l'indigent, que la misère accable,*
> *Implorant sa pitié, lui demande du pain,*
> *Travaille, lui dit-il, et tu n'auras plus faim,*
> *Tu n'es qu'un fainéant, un gueux, un misérable.*
> Épître morale sur l'avarice et l'ambition, 1832, *Anonyme.*

O. MIRBEAU [lxxxv] : « Prendre quelque chose à quelqu'un et le garder pour soi, çà c'est du vol. Prendre quelque chose à quelqu'un et le repasser à un autre, en échange d'autant d'argent, que l'on peut, çà c'est du commerce... Le vol est d'autant plus bête qu'il se contente d'un seul bénéfice, souvent dangereux, alors que le commerce en comporte deux, sans aléa... »

La spéculation est du commerce de haut vol. Son principe est toujours le même. Acheter à vil prix et revendre au plus haut. Cela suppose un « fonds de roulement» important car il faut pouvoir acheter massivement lorsque les prix s'effondrent puis stocker le temps nécessaire pour que les prix montent.

La différence de prix peut aussi être obtenue par l'ignorance du vendeur et/ou de l'acheteur. C'est ce que font les antiquaires. « *C'est vieux et démodé*», disent-ils au vendeur.» «*C'est ancien*» disent-ils à l'acheteur. Ou par l'urgence. C'est ce que font les grossistes qui, dans certains pays, achètent « au bord du champ » et au moment de la rentrée scolaire, quand les paysans ont besoin d'argent. Ou par l'éloignement géographique qui rend les estimations difficiles (prix sur place, taux de change, etc.). Ou par une soi-disant prise de risque, qui doit donc être rémunérée. Les possibilités de jouer sur ces différences sont donc nombreuses.

Cependant, en général, la différence doit être organisée. Par exemple en important de la main d'œuvre étrangère qui sera sous payée (les sans-papiers sont irremplaçables). Ou en organisant des pénuries artificielles, comme *les accapareurs* de la Révolution française. Ou en répandant des informations fausses. Tel Rothschild, dit-on, faisant répandre la rumeur que Napoléon était vainqueur à Waterloo, faisant ainsi baisser les actions de la Bourse de Londres, qu'il put alors acheter à vil prix, puis revendre au plus haut peu de temps après.

Le roman de GEORGES CONCHON. *Le Sucre,* et le film qui en a été tiré, illustrent fort bien le mécanisme.

La spéculation est régulièrement condamnée, mais en pure perte. ÉRASME :« Une race très folle et très sordide est celle des Marchands, puisqu'ils exercent un métier fort bas et par des moyens fort déshonnêtes. Ils mentent à qui mieux mieux, se parjurent, volent, fraudent, trompent et n'en prétendent pas moins à la considération, grâce aux anneaux d'or qui encerclent leurs doigts. » [lxxxvi]

Comme tous les moyens sûrs de s'enrichir, la spéculation est évidemment réservée aux gens déjà relativement riches.

La situation de monopole

Elle est parfaite lorsque l'on est en situation de monopole tant vis à vis des vendeurs que des acheteurs puisque les prix d'achat et de vente sont fixés unilatéralement. Les monopoles classiques sont ceux des états, comme celui du sel dans la France d'autrefois, ou celui de l'électricité dans la France actuelle. Mais d'autres sont privés comme celui de Windows en informatique, ce logiciel étant fourni avec la plupart des ordinateurs et l'achat d'un ordinateur sans Windows étant pratiquement impossible.

A défaut, on peut organiser ce monopole par des ententes entre fabricants. C'est évidemment condamné, mais c'est si difficile à prouver !

La rente de situation

C'est toucher de l'argent sans raison présente valable, mais en raison d'un passé favorable, ou que l'on s'est rendu favorable.

Exemple contemporain. Le monde médical a mis longtemps un *numerus clausus* très strict sur le nombre d'étudiants en médecine. Donc les médecins sont rares, et les spécialistes coûteux !

Autre exemple. L'Assurance maladie envoie un courrier à ses adhérents pour les informer de modifications dans les remboursements de médicaments. Il y est annoncé que désormais, les pharmaciens bénéficieront d'honoraires pour les ordonnances complexes, c'est à dire comportant plus de cinq médicaments pour « *missions de conseil et de prévention des effets secondaires.*» Bien joué. Ce serait encore mieux si le personnel des comptoirs des officines était docteur en pharmacie. En général, il a, au mieux, un B. T. de commercialisation ! Quant au déficit de la Sécu...

En France, les rentes de situation sont extrêmement nombreuses, surtout dans les professions; qui ont un fort potentiel de nuisance, par exemple la paralysie de fonctions économiquement vitales, soit par des grèves, soit par des blocages de centres essentiels, aéroports, autoroutes, transports en commun, centrales électriques, etc. Elles peuvent alors imposer leurs vues, généralement financières. Elles ne permettent certes pas d'accéder à la richesse, mais peuvent arrondir joliment les fins de mois.

Cela concerne aussi les professions qui sont bien représentées dans les instances de décision. « Alors que les employés et les ouvriers représentent la moitié de la population active, seuls 3 % des députés proviennent de leurs rangs, selon les données du Centre de recherches politiques de Sciences Po. » Ou qui disposent d'un puissant lobbying. Ou qui sont simplement « réglementées ».

En France, à peu près tout est réglementé jusqu'au diamètre du fil à couper le beurre.

> **- Défendu de tuer les corbeaux sans permis à cette heure.**
> **- Faudra bintot en demander un pour tuer ses puces !**

BARIC, *Journal amusant*,1900.

Mais cette réglementation a deux faces : elle interdit d'une part, elle protège de l'autre. Elle protège évidemment les gens en place. La profession de taxi en est un bon exemple. Obtenir une licence gratuitement et la revendre 100 ou 200.000 euros est une bonne opération. Et pour faire taire les mauvaises langues, on peut toujours bloquer les accès aux aéroports.

> **MARIANNE**
> **- Mais si je vous protège tous, qui paiera les impôts ?**
> **- Le consommateur bien sûr !**

Légende d'un dessin de RADIGUET, *L'Assiette au beurre,* 1907.

La Marianne en question est évidemment la République française.

La nationalisation ... ou la privatisation

L'on a quelques doutes sur certaines fortunes russes, nées lors du démantèlement de l'URSS et de la privatisation qui s'ensuivit de l'industrie et du secteur bancaire. L'on soupçonne des ententes entre hiérarques, apparatchiks et autres ploutocrates. L'État russe en a d'ailleurs fait emprisonner quelques uns selon des voies, qui comme celles du Seigneur, sont assez impénétrables.

Plus près de nous, les privatisations de 1981 en France ont permis quelques jolis coups. L'État a parfois privatisé, coûteusement, des entreprises à bout de souffle de secteurs industriels absolument sans avenir, dont les propriétaires ne savaient trop comment se débarrasser. Ensuite, on a re-privatisé, ce qui a permis quelques autres bonne affaires.

Le vol légal

C'est une des voies royales de l'enrichissement. Optimisation fiscale, niches fiscales ! Contrats léonins et illisibles. Prêts à taux usuraires (mais légaux). Désabonnements quasi impossibles. Paiements à l'avance, régularisés... en fin d'année!. Pannes de réseau imputées à l'utilisateur final. Pannes dont personne n'est responsable. Etc.

Aucun risque et d'un bon rapport. N'est utilisable, lui aussi, que par des gens déjà suffisamment riches pour être actionnaires d'entreprises pouvant se payer les spécialistes nécessaires.

L'usure

Nous y reviendrons à propos des cartes de crédit renouvelable. L'usure a toujours été condamnée par les autorités religieuses ou morales et tolérée par les autorités politiques, avec évidemment une restriction : part à deux. En bon français : on partage ! C'est à l'état de proverbe : *Passe-moi la rhubarbe, je te passe* le *séné.*

Cet interdit avait été exprimé dès l'Ancien Testament, : « Tu ne prêteras pas à intérêt à ton frère, intérêt d'argent ou intérêt de nourriture, de toute chose qui se prête à intérêt. » Le verset suivant ajoute cependant une restriction importante : « Tu pourras tirer un intérêt de l'étranger, mais tu n'en tireras point de ton frère, afin que l'Éternel, ton Dieu, te bénisse dans tout ce que tu entreprendras au pays dont tu vas entrer en possession. » [lxxxvii]

L'Église catholique avait sagement repris cet interdit au Moyen Age (de Charlemagne au 18° siècle.)

Les Églises protestantes ne furent pas en reste.

« LUTHER montre très bien, par l'exemple de l'usurier, ce capitaliste de forme démodée, mais toujours renaissant, que le désir de dominer est un des mobiles de l'auri sacra fames. « La simple raison a permis aux païens de compter l'usurier comme assassin et quadruple voleur. Mais nous, chrétiens, nous le tenons en tel honneur, que nous l'adorons presque à cause de son argent. Celui qui dérobe, vole et dévore la nourriture d'un autre, est tout aussi bien un meurtrier (autant que cela est en son pouvoir) que celui qui le fait mourir de faim ou le ruine à fond. Or c'est là ce que fait l'usurier, et cependant il reste assis en sûreté sur son siège, tandis qu'il serait bien plus juste que, pendu à la potence, il fût dévoré par autant de corbeaux qu'il a volé d'écus (...)

Mais un usurier, ce sac a avarice, voudrait que le monde entier fût en proie à la faim, à la soif, à la tristesse et à la misère; il voudrait avoir tout tout seul, afin que chacun dût recevoir de lui comme d'un dieu et rester son serf à perpétuité. Il porte des chaînes, des anneaux d'or, se torche le bec, se fait passer pour un homme pieux et débonnaire. » [lxxxviii]

Et d'autres religions également/

... existent aussi les banques, juives, catholiques ou islamiques, ces nouveaux temples qui bien souvent pratiquent des taux d'intérêt qui feraient rougir de honte… ou de colère, Dieu lui-même. » [lxxxix]

Tout cela n'a jamais empêché l'usure de prospérer.

L'adultère

Au début du 19° siècle, P. L. COURIER avait fait remarquer que beaucoup de familles dites nobles n'avaient acquis titres ou richesses que par les faveurs qu'un roi peut donner à ses maîtresses ou ses amants. L'ascenseur social peut alors fonctionner à grande vitesse, comme dans le cas de Jeanne Bécu devenue comtesse du Barry, dernière maîtresse du roi Louis XV

« De la fortune des familles nobles il en paraît bien d'autres causes, telles que le pillage, les concussions, l'assassinat, les proscriptions, et surtout les confiscations. Mais qu'on y regarde, et on verra qu'aucun de ces moyens n'eût pu être mis en œuvre sans la faveur d'un grand, obtenue par quelque femme. Car, pour piller, il faut avoir commandements, gouvernements, qui ne s'obtiennent que par les femmes ; et ce n'était pas tout d'assassiner Jacques Cœur ou' le maréchal d'Ancre, il fallait, pour avoir leurs biens, le bon plaisir, l'agrément du roi, c'est-à-dire, des femmes qui gouvernaient alors le roi ou son ministre. Les dépouilles des huguenots, des frondeurs, des traitants, autres faveurs, bienfaits qui coulaient, se répandaient par les mêmes canaux aussi purs que la source. Bref, comme il n'est, ne fut, ni ne sera jamais, pour nous autres vilains, qu'un moyen de fortune, c'est le travail; pour la noblesse non plus il n'y en a qu'un, et c'est la prostitution, puisqu'il faut, mes amis, l'appeler par son nom. Le vilain s'en aide parfois, quand il se fait homme de cour, mais non avec tant de succès. » [xc]

Il y faut souvent un mari complaisant. Il n'en manque pas dans les romans d'autrefois.

> **C'est vrai, au moins, que mon mari aura la Légion d'honneur ?**

dit une jeune femme se déshabillant ou se rhabillant, en légende d'un dessin de GERBAULT. Vers 1900.

On est plus pudibond de nos jours. Ou hypocrite !

La prostitution

La France, a été, surtout au 19° siècle le haut lieu de la prostitution mondiale, prostitution chic, évidemment. Et le mythe de la Parisienne, élégante, lui est évidemment lié.

A cette époque, la prostitution n'était pas considérée comme une activité vraiment répréhensible mais plutôt comme une activité qui faisait partie du quotidien, du petit peuple en tout cas. Variété exotique : «Faire boutique son c... »

« A l'époque les prostituées étaient connues sous le nom de courtisanes. Elles n'avaient pas de statut juridique précis. Elles étaient spécialement destinées aux classes sociales les plus élevées notamment les princes, rois etc. Dans ces familles le père emmenait son fils chez les courtisanes afin d'affirmer sa virilité. C'était pour eux une gloire de s'afficher comme étant l'amant d'une courtisane. Elles étaient considérées comme des prostituées de luxe qui étaient même médiatisées et souvent adulées par tous ! Comme La Belle Otero ou encore Liane de Pougy. Elles étaient deux des plus célèbres courtisanes. » [xci]

- Il est bossu et tu n'en pinces pas pour lui ? Qu'est-ce que ça fait ? Mais, mon enfant, moi ta mère, est-ce que tu te figures que j'ai aimé tes pères ?

Légende d'une gravure de GERBAULT, *Les Maîtres humoristes.* 1930. La gravure présente une ravissante jeune femme en maillot de bains et sa mère, franchement moustachue.

Tourisme et prostitution ont toujours eu partie liée. «Sur les 842 millions de touristes qui, chaque année sortent de leur pays, on estime que près de 10% choisissent leur destination en fonction de son offre de tourisme sexuel.» [xcii] Et la France est et a toujours été un grand pays de tourisme.

En Europe, le regard sur la prostitution a en partie changé, en particulier sous la pression de certains mouvements féministes En partie seulement, car la lutte contre la prostitution se limite souvent à sa partie visible, dérangeante pour les riverains ou pour ceux pour lesquels ambition personnelle et philanthropie ostentatoire sont le fonds de commerce. Et puis Internet, là comme ailleurs, a changé la donne.

De plus, de par le vaste monde, le regard moral européen qui désormais stigmatise à tort et à travers, n'est pas prédominant. Dans bien des régions, la sœur doit payer les études de son frère, et comme elle ne travaille pas, (lui non plus d'ailleurs !) chacun sait d'où viennent ses revenus. Et la mère est d'accord ! Quant au père, il est très au dessus de ces détails subalternes.

Mon Eugénie ! Enfin, te vlà cocotte !

dit une vieille femme à son élégante fille. Légende d'un dessin de GERBAULT, *les Maîtres humoristes.* 1907.

La prostitution est donc vue comme un état ou même comme un complément du salaire et certains spéculent sur ce fait pour ne donner que de bas salaires.

LE TRAVAIL DES FEMMES **Toujours des augmentations, mais à quoi passent-elles leurs nuits, sacrebleu ?**

dit un patron au passage d'une ouvrière. *Légende d'un dessin de* JACQUES VILLON, *l'Assiette au beurre.* Vers 1900.

Mais si la prostitution offre quelques belles réussites, elle n'est le plus souvent qu'un miroir aux alouettes. Elle n'offre pas vraiment le moyen de s'enrichir, mais seulement de rêver qu'on va s'enrichir.

«... ces petites filles des quartiers (marocains) qui n'apprennent ni à lire ni à écrire, mais auxquelles on dit sans cesse qu'un jour elles rencontreront un homme riche qui les emmènera loin… Dès 14-15 ans, elles sortent tous les soirs dans le but de le trouver. Un jour, elles réalisent qu'elles sont devenues des prostituées.» [xciii]

Vive le tourisme !

> **Au Conservatoire**
> **Je me f... de votre accessit. Montez vos jambes. C'est par là que l'on arrive**

Légende d'un dessin de BRAUN, *l'Assiette au beurre.* 1901.

Il va de soi que la prostitution n'est pas uniquement féminine.

> **Une femme épatante, mon cher. Elle a tout de suite remarqué que j'avais besoin d'une perle pour ma cravate.**

JEAN OBERLÉ. Le Rire, 1924

La prostitution intellectuelle

C'est une variété de prostitution, réservée évidemment aux intellectuels, ou qui s'intitulent ainsi. On s'étonne toujours un peu que de grands poètes ou considérés comme tels, le latin VIRGILE, le français RACINE aient pu consacrer tant de leur temps à des œuvres de courtisans, l'*Énéide* ou *Esther.* Imaginons un instant un J. P. SARTRE nommé conseiller en communication de l'Élysée ! C'est ce qui arriva à JEAN RACINE quand il fut nommé historiographe du roi. Au moins, était-ce bien payé et même prestigieux.

Dans nombre de cas, cette prostitution n'est même pas consciente. On croit à ce qu'on dit, d'autant plus que cela colle à la pensée dominante. Le caméléon figure dans leur blason.

« Délicieusement subversif» vante une pub pour le dernier ouvrage de deux rescapés de Mai 68. Accoler deux mots qui appartiennent à deux lignées de sens, si possible contraires, est un vieux truc. Qu'on pense à "l'obscure clarté qui tombe des étoiles" du bon vieux CORNEILLE. En rhétorique, on appelle ça un oxymore. *Nihil novi sub sole* . Nous ne traduirons pas, pourquoi se gêner ? Les auteurs ont surfé sur tous les ismes du 20° siècle, en commençant par le stalinisme et en terminant par le truisme. Le moyen de faire carrière, autrement ?

Un ouvrage subversif, vraiment subversif, ne trouverait évidemment pas d'éditeur de nos jours. Essayez, vous verrez !

Enfin, n'essayez pas, car le seul brouillon sur votre ordi amènerait la maréchaussée chez vous. Votre disque dur est lu une fois par semaine, au minimum ! Vous le savez, mais il faut en tirer les conséquences. Et si vous voulez écrire, prenez modèle sur le cas suivant.

> **On me demande un nouveau roman. Prenez mon premier livre « La Bien-Aimée », appelez-le :« Haine à mort », changez les dix premières et les dix dernières pages et envoyez-le moi ce soir même.**

Le Rire, 1907.

Vous aurez beaucoup plus de succès !

Autre exemple. Si les USA ont inventé les télé-évangélistes, la France a créé les télé-philosophes. Les deux utilisent la télévision pour prophétiser, le plus souvent sous forme d'apocalypses, et s'enrichir au passage. Le messianisme n'est pas loin.

Lors du décès de l'un d'entre eux, un journal consacre trois ou quatre pages à son eulogie. Certains articles frôlent le dithyrambe, et par exemple, parlent de «perte pour l'humanité », d'autres logent quelques épines sous les fleurs : «Du gauchisme à l'atlantisme, du maoïsme échevelé au sarkozysme momentané, du révoltisme au droit-de-l'hommisme, le parcours idéologique d'ANDRÉ GLUCKSMANN, décédé dans la nuit du 9 novembre, n'a cessé d'interroger acteurs et observateurs de la scène des idées. Pour les uns, il demeure la figure de proue de la gauche anti-totalitaire. Pour les autres, il fut le chef de file de la restauration néoconservatrice. » [xciv]

Les articles sont illustrés d'une photo pleine page du regretté disparu. Les cheveux longs, comme les Beatles, mais soigneusement coiffés tels ceux d'un sénateur américain. La photo le représente en contre plongée, ce qui fait songer à certaines scènes du *Citizen Kane* d'ORSON WELLES. Il a de plus un enfant à ses pieds, le bras allongé sur son torse, dans une position qui est souvent celle des suppliants et le regard fixé sur l'horizon. L'ensemble de la composition n'est pas sans rappeler dans sa structure *Jupiter et Thétis* le célèbre tableau de INGRES.

La photo, signée R. AVEDON, portraitiste et photographe de mode très célèbre; est composée comme une publicité, c'est à dire que chaque détail compte, même s'il n'est pas clairement ou consciemment perceptible. Et chacun est au service d'un message. *Divus,* tel Caius Julius César, laisse entendre le portraituré à propos de lui-même !

La courtisanerie

> *Que coûtent ces richesses ?*
> *On me répond tout bas :*
> *Un crime ou des bassesses.*
> BÉRANGER, *Chansons.*

Elle consiste à accompagner les grands de ce monde, à les louer, leur plaire, les débarrasser des corvées. Ce peuvent être un grand patron, un ministre ou simplement un patron de thèse ou un chef de service !

Bien souvent la seule assiduité suffit.

GUEZ DE BALZAC*:* «Les grands n'ont point devant les yeux les portraits de ceux qui sont absents, ni ne tiennent point d'officiers exprès pour se faire souvenir de ceux qu'ils oublient.

Au contraire s'imaginant qu'il n'y a rien qu'eux au monde et les choses qui les touchent, pourvu qu'ils trouvent quelques uns qui ressemblent à des hommes, ils ne se mettent point en peine d'en chercher d'autres; si bien qu'auprès d'eux, l'assiduité fait quelquefois plus que les services et ceux qu'ils n'aimeraient pas par raison, ils les aiment par coutume.»

Parfois, il faut cependant faire sa cour.

« Chacun reçoit ou demande salaire, tend la main, se recommande, supplie. Mendier n'est pas honte à la cour : c'est toute la vie du courtisan. Dès l'enfance, appris à cela, voué à cet état par honneur, il s'en acquitte bien autrement que ceux qui mendient par paresse ou nécessité. Il y apporte un soin, un art, une patience, une persévérance, et aussi des avances, une mise de fonds ; c'est tout, en tout, genre d'industrie. Gueux à la besace, que peut-on faire ? Le courtisan mendie en carrosse à six chevaux, et attrape plus tôt un million que l'autre un morceau de pain noir. Actif; infatigable, il ne s'endort jamais; il veille la nuit et le jour, guette le temps de demander, comme vous celui de semer, et mieux. Aucun refus, aucun mauvais succès ne lui fait perdre courage. Si nous mettions dans nos travaux la moitié de cette constance, nos greniers chaque année romperaient. Il n'est affront, dédain, outrage ni mépris qui le puissent rebuter. Éconduit, il insiste; repoussé, il tient bon : qu'on le chasse, il revient : qu'on le batte, il se couche à terre.» (P. L. COURIER)

De nos jours, bien des carrières d'apparatchiks n'ont pas d'autre origine.

Dans ce domaine, les excès ne sont pas nuisibles, au contraire. «Il avait un si grand respect pour les Écritures qu'il en adorait jusqu'aux points et virgules.» (GUEZ DE BALZAC.) Faites de même avec les Grands de ce monde.

Le scandale

Ce ne serait pas d'un grand intérêt si la vie des stars apparaissait pour ce qu'elle est : aussi banale que celle de tout un chacun. Il faut donc y mettre de ce piment qui permette le *buzz :* divorce, drogue, violences, photos compromettantes, etc.

Rechercher ce qui peut faire scandale, dans des limites bien précises, est donc le travail de conseillers en communication dont le métier est d'entretenir ou de relancer la carrière de leurs clients. L'essentiel est que l'on parle de vous, le fait que ce soit en bien ou en mal étant tout à fait secondaire.

Il en est de même en librairie, on n'ose dire en littérature.

«Ainsi chaque année fleurissent des «angoteries», des romans racontant comment l'auteur (d'après une histoire vraie) a été violé par son père, a couché avec sa mère, vit en ménage avec sa sœur, a sodomisé son frère (ou sa sœur, sa mère, son père, son chien, etc.). A partir de ces données de base se greffent toutes les variantes possibles sur les protagonistes : catholique fervente devenue intégriste, monstre aux difformités physiques répugnantes, anorexique spécialiste de Heidegger ou ancien des *Einsatzgrupen* (unités d'extermination de l'Allemagne nazie), boulimique graphomane. Ce serait comique si ces niaiseries n'occupaient tout le territoire des lettres.»[xcv]

Oui, mais çà se vend !

Cela a toujours été ett même les prostituées s'y mettaient.

Vous avez tort de ne pas en profiter. Ce n'est pas tous les jours que vous trouverez pour cinq louis, une hystérique éthéromane.

Légende d'un dessin de HÉMARD, *Le Rire,* 1907.

Le copinage

«Les nominations auxquelles procède le président de la république obéissent à un subtil dosage de "réseautage" organisé, de "copinage" plus ou moins discret, de récompense pour service rendu, de féminisation des postes de responsabilité, et aussi, pourquoi pas, de qualification pour les postes concernés.» [xcvi]

Il s'agit évidemment de postes bien payés accompagnés d'avantages divers et variés.

Le conflit d'intérêt inavoué

Les normes gouvernementales ou européennes qui régissent certains domaines, comme celui de la santé publique, sont préparées (et souvent votées ensuite telles quelles), par des experts dont la qualité principale, au-delà de leur plus ou moins réelle expertise technique, est l'indépendance vis à vis des industries concernées.

Si cette indépendance n'est pas totale, il y a conflit d'intérêts entre leur rôle d'expert et leur dépendance, le plus souvent financière (mais aussi de carrière, de moyens de recherche, de publication, etc.) vis à vis de ces entreprises ou groupement d'entreprises. Et ces conflits ne sont pas rares. Par exemple dans le cas de l'amiante, durant un demi-siècle, certains experts ont dénoncé les risques liés à l'utilisation de l'amiante, tandis que d'autres experts stipendiés par les industries de ce secteur minimisaient ou niaient ces mêmes dangers. Les choses n'ont guère changé depuis : «Des mails divulgués dans la presse américaine révèlent des liens occultes entre chercheurs et firmes chimiques. » [xcvii]

Être juge et partie est évidemment d'un gros rapport. Et la mise de fonds est faible : elle n'est que morale !

On peut aller plus loin, et utiliser des experts inexistants. «La tribune était signée par un prétendu Max Fortin, présenté comme analyste financier chez MFR Business (...) Or ledit

Marc Fortin n'existe apparemment pas. "Pour donner de la crédibilité à leur soi-disant analyste financier, les faussaires lui ont créé un compte Twitter et un CV sur Linkedin, ainsi que sur Google. De même, ils lui ont inventé un diplôme de Grenoble École de management."» [xcviii] Et tout cela mis en place par des entreprises ayant pignon sur rue, qui évidemment crient à la calomnie.

Les subventions

Cela va de la subvention pour une activité quelconque donnée par une municipalité, aux fonds structurels alloués par les instances européennes. La première est de type électoraliste, les seconds répondent à un lobbying de secteurs économiques.

On ne peut pas devenir vraiment riche de cette façon, mais comme on dit populairement, cela met du beurre dans les épinards.

Souvent, pour épargner la susceptibilité populaire, on ne subventionne pas des individus, mais des associations ou des activités. C'est une prime au plus malin.

Les frais professionnels

On a beaucoup glosé il y a peu, à propos d'une ministre d'un pays nordique, contrainte de démissionner pour avoir utilisé une carte de crédit professionnelle au lieu de sa carte personnelle, pour régler un petit achat. En France, on aurait estimé qu'il n'y avait là pas de quoi fouetter un chat.

De plus, certains frais professionnels peuvent venir en déduction des impôts. C'est le cas pour les journalistes qui ont une réduction de 30 %, au lieu des 10 % accordés généralement aux autres salariés. D'où, entre autres raisons, le succès de la profession. Certes, il y a en France un nombre considérable de gens qui ont beaucoup à dire, même sur des sujets dont ils ignorent à peu près tout. Mais...

Vivre sur la bête

Bien des petites entreprises n'ont pour raison d'être que la possibilité d'abus de biens sociaux, c'est à dire qu'elles servent à camoufler des dépenses personnelles en dépenses d'entreprise ou même en investissements. Voiture de fonction, achats informatiques, déjeuners d'affaires, etc.

Un maire de Paris a ainsi vécu vingt ans aux frais de la princesse et fort luxueusement. On engagea bien quelques poursuites quand il fut à la retraite, puis l'on en resta là. Que celui qui n'a jamais péché lui jette la première pierre ! dut-on penser.

Le rachat d'entreprises en difficulté...

Et leur revente.

Un certain nombre de managers se sont fait la réputation d'être des *cost killers,* c'est à dire d'être capables de réduire les coûts de fonctionnement des entreprises et donc d'augmenter les bénéfices et surtout la part qui en revient aux actionnaires. Un des moyens les plus simples est évidemment de réduire le coût des salaires : externalisation ou fermeture de certains services, licenciement des gros salaires, arrêt des embauches, réduction des services de recherche et développement, etc.

Il s'agit généralement d'un simple lifting avant une revente d'une entreprise devenue... bénéficiaire. Généralement, elle en meurt quelques années après, plus rien n'étant fait pour son développement à long terme. Qu'importe !

Le dépeçage d'entreprises

Certaines entreprises vieillissantes (marchés qui se réduisent, gamme de produits insuffisamment développée, etc.) ne produisent plus guère de richesses et sont donc des proies faciles pour des *raiders*, par exemple si leurs cours boursier se traîne. Mais elles possèdent parfois des pépites méconnues, par exemple de l'immobilier, des brevets, etc.

Rachetées, elles sont vendues « par appartement », c'est à dire dépecées. Les parties invendables sont mises en faillite avec des licenciements massifs.

Tout cela permet de belles plus values !

La prière

Certaines sectes, plus ou moins dérivées (ou dévoyées) du christianisme, promettent la richesse et même le bonheur à ceux qui suivent leurs préceptes. Il faut évidemment investir c'est à dire donner une dîme (jusqu'à 10% de ses gains) à celui qui dirige la communauté. Certains de ces derniers deviennent fort riches, d'autant plus que dans certains pays, les religions et même les sectes sont exemptées d'impôts.

Voici une de ces prières, découverte sur Internet.

«Béni sois-tu mon Dieu,
D'être infiniment riche,
Et d'avoir fait de l'argent un signe de ton abondance puisque
Tu as dit : A moi l'argent ! A moi l'or !
C'est toi qui fais le riche et le pauvre.
C'est de toi que viennent la richesse et la gloire.
Dieu mon Père, tu as promis que tu ne me laisseras pas et
Que tu ne m'abandonneras pas.
Tu es la source de ma richesse.
...
Merci, mon Dieu de me donner aujourd'hui l'argent,
Et tout ce qui m'est nécessaire pour vivre...»

La magie blanche

Trouvé sur Internet :

1. Vous commencez le rituel trois jours avant la pleine lune. La première chose à faire est de frotter la bougie

avec les clous de girofle pendant quelques secondes. Ensuite, il faut mettre celle-ci dans le bougeoir. Avec les clous de girofle, vous le posez dans la soucoupe magnétisée. Pour finir, vous posez l'enveloppe et le billet de banque sous la soucoupe. Vous ne devez pas toucher les supports en attendant la pleine lune. Si jamais l'une de vos proches se met à les toucher, le sortilège sera annulé. Dans ce cas, vous ne bénéficiez pas tous les avantages que ce genre de rituel pour attirer l'argent apporte dans votre vie financière. Ainsi, prendre des précautions est de rigueur pour éviter une telle situation. Le mieux est alors de réserver une chambre pour les rituels. Une fois que cette première partie est achevée, vous devez alors fermer la pièce et attendre la pleine lune pour finir l'opération. Cela vous évite de tout recommencer et de patienter jusqu'à la prochaine pleine lune.

1. Les rituels reprennent le jour J. Allumez la bougie et concentrez-vous sur la flamme. Puis, réciter cette incantation 5 fois : « Par la volonté de dieu, que les richesses affluent vers moi avec abondance et sans discontinuité. Ainsi soit fait. » L'un des clous de girofle est à planter dans la bougie allumée. Ensuite, laissez celle-ci se consumer et s'éteindre toute seule. Vous ne devez pas le faire vous-même, c'est à proscrire.

1. Le lendemain, mettez le billet de banque magnétisée et le dernier clou de girofle dans l'enveloppe magnétisée. Vous les placez dans un endroit sûr pour que personne ne les voir ou ne les touche. Après une semaine, vous devez dépenser le billet de 500 euros selon vos besoins. L'échanger est également possible si vous n'avez pas envie de tout dépenser d'un coup. Après le rituel, si vous avez respecté les indications à la lettre, vous pouvez être sur que le billet magnétisé attirera

beaucoup d'autres. Vos problèmes d'argent prendront alors fin, car la chance va se ranger de votre côté.

Comme d'habitude, il y a un truc. Il est en effet extrêmement difficile de se procurer un billet de 500 euros. Les banques n'en délivrent pas, sauf exception, car ils servent essentiellement à divers trafics. Et Tracfin veille !

Enfin, reste une question clé : comment magnétiser un billet de banque ?

La magie noire

Dans certaines régions du monde, on raconte que pour faire fortune, il faut sacrifier, au sens littéral, un membre de sa famille, généralement le fils aîné, le plus précieux. Comme d'habitude, il peut y avoir substitution, comme le fait Hamilcar Barca dans les roman Salambô de G. Flaubert et n'importe quel gamin des rues fera l'affaire. La personne sacrifiée est vouée à des puissances infernales ou célestes ou à des sociétés de sorciers, suivant les aires géographiques.

De telles pratiques ne sont pas si rares, et dans certaines régions du monde, elles font même la une des journaux.

« En Ouganda, la pratique du sacrifice humain laisse toujours ses cicatrices. Kana ni Anaconda, un jeune garçon de 11 ans, récupère de ses blessures, après avoir été tailladé et laissé pour mort au cours d'un rituel de sorcellerie qui a coûté la vie à sa petite sœur de 8 ans. Les registres de la police indiquent qu'il y a eu plus de dix cas de sacrifices humains en 2013, neuf l'an dernier, et déjà cinq confirmés pour l'année en cours. Ces crimes, qui se multiplient en période électorale, seraient motivés par l'appât du gain et la soif de pouvoir. » [xcix]

Autre exemple.

«Depuis quelques mois, les enlèvements d'enfants monopolisent les conversations en Côte d'Ivoire. En l'espace de près de trois mois, la police ivoirienne a ouvert 25 dossiers de rapts d'enfants, tous suivis de meurtres.

La plupart des corps de ces enfants ont été retrouvés "mutilés, avec la disparition de leurs parties génitales, ou décapités", explique le directeur général de la police nationale Brindille Tibia. La crainte d'une résurgence de sacrifices humains est vive.

"On connaît bien la typologie des crimes rituels", a rappelé, mercredi 28 janvier, Hamid Bamako, le ministre de l'Intérieur ivoirien, annonçant la mobilisation de 1 500 policiers et militaires pour "patrouiller dans les zones hautement criminogènes. [...] On fait croire à ces personnes qu'à travers ces crimes, elles pourront avoir du pouvoir ou de l'argent", a-t-il poursuivi.

Soulane, 10 ans, est passé près de la mort, dimanche 25 janvier. Le jeune garçon a raconté à l'ADP qu'il se trouvait au bord de la lagune azerbaïdjanaise pour chercher de l'eau quand un homme l'a agressé avec une machette sous les yeux de femmes et enfants présents. "Le monsieur est sorti avec une machette. Je suis tombé. Il a commencé à me taillader", détaille l'enfant encore choqué.

Cédric, 15 ans, a vécu le même traumatisme. "Le gars est venu. J'ai cru qu'il venait puiser l'eau. Mais il a sorti une machette. Il a essayé de me découper", témoigne-t-il. C'est un soldat d'un camp voisin, arrivé rapidement sur les lieux, qui a mis l'agresseur en déroute.

"C'est Dieu qui m'a demandé de faire cela. Dieu m'a dit de couper les têtes des enfants pour les lui porter et je serai élu le roi. Je lui ai dit que je ne voulais pas mais il a insisté", a expliqué à l'ADP Kriss Coulibaly, l'agresseur des deux garçons dans les locaux de la police criminelle, où il est détenu à la suite de son arrestation.» [c]

Explication : il y avait des élections !

Il va de soi que ce phénomène n'est pas spécifiquement africain. En France, on a connu Gilles de Rais, Maréchal de France, compagnon de Jeanne d'Arc, condamné pour le meurtre de 140 enfants.

La Bible garde la trace de telles pratiques dans le sacrifice du fils d'Abraham ou de la fille de Jephté. Iphigénie en est un autre exemple.

> *Pour atteindre aux sommets dont la hauteur accable*
> *Il faut que le pied saigne aux angles du rocher ;*
> *Les dieux aiment le sang. Rien ne les peut toucher*
> *Que le supplice offert du juste ou du coupable.*
> LECONTE DE LISLE, *Le sacrifice.*

La colonisation

Elle a permis de belles fortunes par l'accaparement des terres, des mines etc. et l'exploitation du travail des colonisés. Il n'est que de se promener dans les villes portuaires françaises et d'y admirer leurs splendides hôtels particuliers

Elle n'a pas disparu mais s'est faite plus discrète. On l'appelle désormais "développement", après l'avoir appelé mission civilisatrice.

O. MIRBEAU :

« - Car vous tuez aussi des nègres ?... fit Clara

-Certainement, oui, adorable miss !...

- Pourquoi, puisque vous ne les mangez pas ?

- Mais pour les civiliser, c'est à dire pour leur prendre leur stock d'ivoires et de gommes... Et puis... que voulez-vous ?... si les gouvernements et les maisons de commerce qui nous confient des missions civilisatrices, apprenaient que nous n'avons tué personne... que diraient-ils ?...»

« Alors que 868 millions de personnes souffrent de sous-alimentation, selon l'Onu, l'accaparement de terres agricoles par des multinationales de l'agrobusiness ou des fonds spéculatifs se poursuit. L'équivalent de trois fois l'Allemagne a ainsi été extorqué aux paysans africains, sud-américains ou asiatiques. Les plantations destinées à l'industrie remplacent l'agriculture locale. » (http://www.bastamag.net)

Le travail des enfants

Il est certes interdit en Europe, mais il ne manque pas d'entreprises européennes le pratiquant dans le tiers monde. Il était encore il y a peu, fort répandu dans nos pays et la source de belles fortunes qui existent encore.

LÉON BLOY : « Car voici l'horreur des horreurs, le travail des enfants, la misère des tout petits exploitée par l'industrie productrice de la richesse. Et cela dans tous les pays. Jésus avait dit : «Laissez-les venir à moi.» les riches disent : " Envoyez les à l'usine, à l'atelier, dans les endroits les plus sombre et les plus mortels de nos enfers. les efforts de leurs faibles bras ajouteront quelque chose à notre opulence. "

On voit de ces pauvres enfants qu'un souffle renverserait; fournie un travail de plus de trente heures pars semaine et ces travailleurs-là, ô Dieu vengeur ! se comptent par centaines de mille. Pour qu'il soit dit que la religion n'est pas oubliée, les ateliers de petites filles... sont souvent dirigés par des religieuses, vierges consacrées, aussi sèches que les sarments du Démon, et qui savent les bonnes méthodes pour le rendement... » [ci]

> **IL NE FAUT PAS SUPPRIMER LA PEINE DE MORT**
> **parce que cela ferait du tort aux patrons des usines où l'on tue des gosses de douze ans.**

Légende d'un dessin de WAGNER, *L'Assiette au beurre*, 1907.

Les trafics de drogue, d'êtres humains, d'armes...

La drogue est la source de fortunes colossales, 243 milliards d'euros par an. Si les cartels de drogues étaient un pays, leur PIB les classerait au 21è rang mondial, juste derrière la Suède. [cii] . Mais ces fortunes ne sont pas à la portée du premier venu. Il y faut une puissante organisation, des relais dans les appareils d'état, le recours au crime et à la terreur. Cela ne s'improvise pas. Il en est de même des trafics de faux médicaments, qui, dit-on, sont encore d'un meilleur rapport

Le trafic d'êtres humains, lui, a la particularité qu'il peut être pratiqué à très petite échelle. De par les vaste monde il ne manque pas de régions où des orphelins «recueillis» par des membres plus ou moins éloignés de leur famille, sont en fait réduits à une forme d'esclavage.

Quant aux trafics d'armes, ils sont plutôt réservés aux états ou à des groupes qui leur sont fortement liés. La France est tout de même le quatrième exportateur mondial d'armement. Çà laisse de la place à quelques intermédiaires et à quelques rétro-commissions !

Une fois « blanchi» cet argent devient légal. On peut en hériter, par exemple. Autre avantage, les résultats de ces trafics sont exempts d'impôts.

La traite des esclaves

Elle suppose des complices, au départ, qui font des prisonniers, et à l'arrivée, qui achètent ces prisonniers. Elle est donc réservée à des structures puissantes, le plus souvent para étatiques. Elle est d'un gros rapport, les prix d'achat étant faibles, ceux de revente élevés et les frais de transport quasi nuls.

La guerre

Elle consiste à tuer suffisamment de gens dans le camp adverse pour que celui-ci abandonne la partie. La guerre peut être limitée et l'on se contentera d'une ville, d'une province, d'une somme d'argent. Elle peut être totale et l'on ira jusqu'à la destruction de l'entité adverse, la réduction à l'esclavage de la population et la confiscation totale des biens et des terres.

L'avantage des guerres, c'est qu'elles suspendent le cours normal des choses. Il faut évidemment gagner la guerre à tout prix. D'où l'augmentation des impôts, la suspension de pas mal de libertés, la possibilité de vendre n'importe quoi à des prix exorbitants, etc.

Encore une guerre et je serai milliardaire.

Légende d'un dessin de MICHAEL, *L'Assiette au beurre,* 1907.

L'ethnocide

Il consiste à détruire totalement ou presque totalement une population pour s'emparer de ses biens. Cela peut se faire au niveau d'un village ou d'un canton, comme dans certaines régions africaines de nos jours, ou à l'échelle d'un sous-continent, comme en Australie ou en Amérique du Nord, lors de l'arrivée des européens. C'est une forme d'enrichissement collectif.

Le vol

H. DE BALZAC: « C'est un métier et cela l'a toujours été. Pour certains, c'est même un état.»

Il se produit un cambriolage toutes les 1,5 minutes en France, soit près de 985 cambriolages par jour (382.000 en 2013, 359 500 en 2012 et 323 000 en 2011). Le nombre de cambriolages est en hausse constante : sur les 6 prochaines années un Français a 1 chance sur 10 de se faire cambrioler. (Planetoscope.com)

Un vol à l'arraché, un car-jacking, un cambriolage; même s'il n'est pas effectué en votre présence, sont des actes violents qui laissent des séquelles chez les victimes.

« En effet, au-delà de la perte d'objets, plusieurs notions restent à explorer dont celle de la perte, qui a sa représentation symbolique d'un point de vue psychique. Perdre un objet par le fait d'un individu malveillant met en résonance l'idée d'intrusion dans la sphère privée du sujet dépouillé. L'idée d'intrusion, dépasse le champ du lieu du vol pour s'élargir à celui de l'individu et de son univers psychique. C'est comme si dans un temps plus ou moins long la personne volée se sentait comme amputée d'une partie de soi.

Enfin, il semble important de souligner que si cet acte délictueux peut apparaître comme si traumatisant, c'est qu'il résonne pleinement avec un point essentiel de la construction psychique: l'interdit. Dimension effectivement sociale mais aussi fortement ancrée dans la construction intime d'une personne. » [ciii]

143

L'ARGENT, VOTRE SANG...

Si tu désires peu de choses, ce peu te semblera beaucoup, car des désirs peu exigeants donnent autant de force à la pauvreté qu'à la richesse
DÉMOCRITE.

Prologue

> *Dieu se rit des hommes qui déplorent les effets dont ils chérissent les causes.*
> BOSSUET, *Sermon sur le mauvais riche.*

L'argent est le sang du pauvre écrivait Léon Bloy [civ], dans un ouvrage aussi violent que confus, mais contenant de ces vérités qui ne sont pas toujours bonnes à dire, car dérangeantes. Pour les riches, c'est différent, car l'argent joue plutôt chez eux le rôle d'une drogue à l'addiction puissante, sinon souveraine.

Si l'argent est le sang des pauvres, il l'est aussi des non riches, ceux qui ont de quoi vivre, mais de façon un peu juste.

Et donc si l'argent est votre sang, cela veut dire qu'il remplit une fonction vitale et que celle-ci doit être gérée au mieux, comme votre santé, qu'elle soit physique ou mentale.

Le rêve et la réalité

On ne connaît pas très bien le rôle des rêves nocturnes, mais s'ils existent, ils doivent bien avoir une fonction. Quant aux rêves diurnes, les rêveries, les fantasmes, ils servent soit à rendre la réalité supportable, ce qui est positif, soit à se cacher cette réalité, ce qui l'est beaucoup moins.

Dans les trois domaines, la santé, l'amour et la richesse que l'on peut citer comme préoccupations majeures des êtres humains actuels, le fantasme occupe une place différente.

Place à peu près nulle dans le cas de la santé. On ne rêve pas d'être en bonne santé, sauf cas très particuliers de maladies génétiques ou de longue durée ou fortement invalidantes. On est en bonne santé ou on ne l'est pas. La plupart des gens ont peur de la maladie mais ne rêvent pas de la santé.

Place énorme dans le cas de l'amour (qui englobe la sexualité), l'état amoureux étant proche du rêve éveillé.

Place considérable dans le cas de l'argent, dont on suppose qu'il peut tout acheter, même la jeunesse (enfin, en partie...)

Et il est vrai qu'à peu près tout s'achète, des faux (vrais) papiers à l'amour, pas obligatoirement ou pas entièrement vénal.

Hélas, rares sont les rêves qui se réalisent.

Ce que dépenser permet d'obtenir

> *La richesse consiste bien plus dans l'usage qu'on en fait que dans la possession.*
> ARISTOTE.

> *Faveur, amis, naissance, beauté, vertu même, sa majesté l'argent donne. tout*

*cela. Les écus ont un charme, une
séduction irrésistible.*
JUVÉNAL, *Satires.*

L'argent dépensé sous un forme ou sous une autre a un effet de contamination. C'est ainsi qu'un produit coûteux est considéré comme luxueux et donc doté de qualités esthétiques. Ou qu'un produit présenté dans un environnement luxueux est de ce fait lui-même doté de qualité esthétiques.

Exemple. Le journal Le Monde consacre une page au fait que désormais, dans certains musées et pour certaines œuvres, il est non seulement permis mais même recommandé, de toucher les œuvres exposées. L'article est illustré d'une photo montrant "l'œuvre" d'un artiste français fort connu, consistant en deux tas de vêtement usagés, dont les visiteurs peuvent emporter quelque morceau. Cela ne déparerait pas un vide-grenier. Sauf que... "l'œuvre" est présentée dans ce qui paraît être une pièce d'un palais, tel que le Louvre ou Versailles. ce qui incite évidemment à retirer les guillemets dont nous avions entouré le mot œuvre. [cv] On sait que l'art contemporain n'aime pas le beau, mais à l'occasion, il sait s'en servir par ou pour un effet psychologique de contamination.

Cette contamination est toujours présente lorsqu'il s'agit de richesse, de luxe, de dépenses, matériellement, psychologiquement et bien sûr moralement.

La considération d'autrui

Çà m'a coûté cher, mais jamais Harry n'aurait voulu sortir avec moi, si je n'avais pas eu un grand chapeau !
Légende d'une gravure de POURRIOL, *Le Rire, 1910.*

J. J. ROUSSEAU : « On fait tout pour s'enrichir, mais c'est pour être considéré qu'on veut être riche. Cela se prouve en ce qu'au lieu de se borner à cette médiocrité qui constitue le bien-être chacun veut parvenir à ce degré de richesse qui fixe tous les yeux, mais qui augmente les soins et les peines et devient presque aussi à charge que la pauvreté même. Cela se prouve encore par l'usage ridicule que les riches font de leurs biens. Ce ne sont point eux qui jouissent de leurs profusions et elles ne sont faites que pour attirer les regards et l'admiration des autres. Il est assez évident que le désir de se distinguer est la seule source du luxe de magnificence... »

La jalousie d'autrui

Le plaisir de posséder, c'est, souvent, celui d'empêcher l'autre de posséder la même chose.

> **- Tu es bien sûre que tu m'aimes, Colombine ?**
> **- Oui, surtout que cela fait de la peine à Isabelle!**

Légende d'un dessin de GERBAULT. *Les Maître humoristes.* 1930.

C'est aussi montrer aux autres que l'on possède quelque chose qui excitera sa jalousie.

> **Je voudrais avoir pour le jour de l'an un gros sac de bonbons, et j'inviterai les gosses du 3° à venir me voir les manger**

Légende d'un dessin de RAY, *Le Rire*, 1910.

> **- Je voudrais tellement avoir un enfant de toi**
> **- Pour quoi faire ?**
> **- Pour le montrer à ta femme !**

BAC, *Le Rire*, 1907.

Une bonne éducation

Un lycée parisien renommé (ils le sont tous dans les beaux quartiers), une prépa cotée, une grande école, des répétiteurs, des séjours linguistiques, la fréquentation des musées, une bibliothèque classique, un ordinateur relié à Internet (et un usage intensif de Wikipédia et de Gallica), la langue châtiée parlée à la maison et bien d'autres choses comme savoir s'habiller avec goût mais sans ostentation, se tenir dans un salon, etc. sont des choses coûteuses, que l'argent (mais pas lui seul, heureusement) permet d'obtenir.

Une bonne éducation, c'est d'abord de l'argent qui y a été consacré. L'éducation morale, c'est autre chose, mais tout le monde s'en fiche !

> **Ce soir, ces jeunes gens parleront avec gravité sur la morale publique, la licence des rues, les images obscènes. Ils blâmeront avec énergie les grèves et ces ouvrières, créatures impures...**

Légende d'une caricature parue dans *l'Assiette au beurre.* 1900. Signature illisible. Dommage de ne pouvoir la reproduire, car les personnages évoquent furieusement des énarques.

Le sexe

Autrefois, le sexe était sous-entendu féminin. De nos jours, le sexe comprend évidemment les deux sexes.

Inviter dans un bon restaurant, aux sports d'hiver, sur un yacht, etc. facilite la séduction. Mais il faut de l'argent ! C'est ici un avantage concurrentiel décisif.

Le génie

Il ne s'agit évidemment pas d'en avoir, mais de faire proclamer que vous en avez. Indirectement, cela va sans dire. Car les génies sont humbles, comme chacun sait.

Exemple. Une publicité dans le journal Le Monde montre la photo d'une femme, barrée d'un PHÈDRE(S), pour annoncer une série de représentations théâtrales. La photo, par son flou "artistique" évoque les portraits célèbres au milieu du 20° s. et maintenant un peu oubliés, du Studio HARCOURT. Voyez par exemple le portrait de Michèle MORGAN, qui évoque si bien *Quai des Brumes.*

Quant à notre actrice, elle a les yeux rêveurs qui sont à peu près ceux de M. PROUST dans un portrait célèbre, dont un contemporain disait : « Il se fatigue à regarder en dedans...». L'allusion, qui sera comprise de tous les initiés, est parfaitement flatteuse, puisqu'elle met l'actrice sur le même plan qu'un génie reconnu. Mais après tout, peut-être le mérite-t-elle. L'avenir le dira ! La publicité le dit déjà.

Ensuite, le pouvoir politique

La collusion entre richesse et pouvoir est régulièrement dénoncée, avec de fortes présomptions, mais sans beaucoup de preuves évidemment. Mais le coût exorbitant des campagnes électorales dans certains pays en est un indice.

Il s'agit en fait d'un double sens. Avec l'argent, on peut acquérir du pouvoir, et avec du pouvoir, acquérir de l'argent. Dans bien des communes, le maire est un des plus gros propriétaires et la route qui dessert les propriétés du maire est toujours soigneusement entretenue. Comme chacun sait, le hasard fait toujours bien les choses ! Mais honni soit celui qui mal y pense.

Et même la sainteté.

En effet, les saints des tous débuts de l'Église catholique sont des martyrs, dont on ne connaît guère que le nom, la date et le lieu de leur martyre. Mais à partir de Constantin, on est mieux documenté et entre autres sur l'origine sociale. Et à partir de l'an mille, l'immense majorité des saints vient des strates riches et nobles de la société. Pour une raison entre autres, s'ils sont saints bien souvent, c'est qu'ils ont renoncé à leurs richesses. Et évidemment pour renoncer à ses richesses, il faut d'abord en avoir ! Les Vies de saints sont très instructives à défaut d'être vraiment édifiantes.

Un périmètre constant

Il y a le rêve, et il y a la réalité.

Le rêve c'est de gagner un jour à la loterie, d'hériter d'un oncle d'Amérique, de faire faire à sa fille un très riche mariage, etc. ou rêve un peu moins fou, d'avoir une promotion très très importante ou de faire un placement qui s'avérera mirobolant.

La réalité, c'est que vous êtes dans un univers à périmètre constant. Les contraintes sociales vous déterminent. C'est ainsi, par exemple, que la plupart des gens se marient à des personnes de même origine sociale, de diplômes et de revenus équivalents.

Vos diplômes sont fixés à tel ou tel niveau, votre poste aussi à peu de choses près, votre salaire au niveau de ce dernier. Les impôts ne baisseront jamais et vos fournisseurs continueront à profiter de leur taille ou de leur monopole et donc à vous imposer des contrats léonins, que vous signerez sans les avoir lus ne serait-ce que parce que l'on ne vous en laissera même pas le temps Et personne ne rêve plus de faire la révolution ni même d'imaginer une évolution.

Inutile donc de covevoir ou même simplement d'imaginer des changements importants.

Or, si la santé ou l'amour sont des objectifs à atteindre, l'argent, sauf l'exception de l'avarice pure, rare de nos jours, n'est qu'un moyen pour atteindre d'autres objectifs. (« L'argent doit être le moyen, il ne doit jamais être le but », disait le poète romain Juvénal). Et ces objectifs peuvent être tellement divers qu'ils obligent à des choix ou qu'ils en deviennent contradictoires ou que leur satisfaction vous ruine.

Mais si vous vivez dans un univers hostile organisé pour vous tromper et vous gruger à toute occasion, vous êtes décideur en dernier ressort. C'est donc vous et vos éventuelles faiblesses qui êtes en cause. Ce sont donc ces faiblesses qu'il vous faut mettre à jour si vous voulez avoir des comportements plus rationnels et donc plus rentables pour vous.

Les formes de ces faiblesses possibles sont innombrables. On peut cependant en lister quelques-unes, les plus fréquentes, et donc pas obligatoirement, hélas ! celles qui vous affectent.

Pourquoi dépense-t-on ?

On moralise en vain, l'homme ne change plus.
Les plus touchants discours n'en feront point un
ange.
Épître morale sur l'avarice et l'ambition, 1832,
Anonyme.

Nos attitudes vis à vis de l'argent, surtout quand on le dépense, sont en grande partie inconscientes, mais chacun dispose de solides arguments pour justifier des comportements injustifiables, que ce soit l'avarice sordide ou les dépenses qui ruinent une famille et la mettent à la rue.

Je l'aime

La littérature est pleine de personnages, d'hommes ou de femmes, qui se ruinent "*par amour*". Les guillemets sont de mise car derrière ce mot se cachent bien des choses, qui vont de la sottise pure à l'oblation la plus vraie, en passant par la pulsion d'emprise. Un des cas les plus célèbres est dans H. DE BALZAC, les personnages en cause apparaissant dans plusieurs romans.

«Esther est la fille de Sarah Van Gobseck, dite « la belle Hollandaise », une prostituée célèbre qui est aussi la nièce du richissime usurier Jean-Esther van Gobseck. Prostituée à son tour, elle acquiert le surnom d'Esther « la Torpille » tant elle réussit à ruiner rapidement ses amants.

Dans *Splendeurs et misères des courtisanes*, elle tente de se racheter et d'échapper à son ancienne vie lorsqu'elle devient amoureuse de Lucien de Rubempré, avec qui elle va vivre en recluse cinq années de bonheur. Elle a 22 ans lorsqu'elle séduit sans le vouloir le baron de Nucingen. Carlos Herrera, le forçat évadé qui s'est pris de passion pour Lucien, l'oblige à répondre à l'amour du baron afin de lui soutirer des sommes considérables pour que son amant Lucien de Rubempré puisse retrouver un titre qui lui permettrait d'épouser Clotilde de Grandlieu. Elle est encadrée par Europe et Asie, deux délinquantes dévouées à Carlos. Après avoir fait languir le baron longuement, Esther décide de s'empoisonner après s'être enfin donnée à lui, en réservant pour Lucien la somme considérable qu'elle en a obtenue.» [cvi]

C'est un roman, et BALZAC, tel un feuilletoniste, tire sur toutes les ficelles, jusqu'aux plus grosses. Le trait est donc forcé.

Hélas, il est des situations semblables dans la vie réelle. Dans la plupart des couples, l'un est l'animal dominant et l'autre le dominé, indépendamment des sexes. Certes l'homme a tendance à être plus physique (coups, etc.), mais ce n'est pas toujours le plus douloureux, ou ayant le plus de conséquences négatives. D'ailleurs, s'il y a des femmes battues, il y a aussi des homme battus.

Le dominant est dominant par nature. Il est comme çà, génétiquement en quelque sorte, ou a été élevé comme çà. Il crie, boude, frappe, injurie, exprime violemment son profond mépris, etc. Et il est très content de lui. Et sa mère l'adore, le plus souvent... tout en recevant sa part de coups.

Mais si j' t'aimais pas comme j' t'aime, j' te battrai-t-y comme j' te bats ?

Légende d'un dessin de POULBOT, *Le Rire,* 1907.

Le dominé n'est pas toujours dominé. Tout dépend de qui il a en face de lui. Et s'il aime, cela a deux conséquences : il se laisse dominer et son amour lui donne toutes justifications à cet état de fait .« On ne peut pas briser de chaînes quand il n'y en a pas de visibles.» [cvii]

Il va de soi, et c'est là que nous voulions en venir, que le dominé paie et que le dominant reçoit, sans même dire merci. L'idée ne lui en viendrait même pas.

Personne ne m'aime

Ou, tout au moins, je ne suis la priorité absolue pour personne. En effet, bien des individus se sentent insuffisamment aimés lorsqu'ils ne sont pas le préféré ou celui auquel on sacrifie d'autres relations. Et cela peut les amener à bien des choses, et même à des situations humiliantes et parfois des bassesses, pour attirer vers eux cet amour qui leur manque si cruellement.

Cela remonte à des angoisses d'abandon très infantiles, très inconscientes et d'autant plus fortes. Là aussi, on cherche des compensations, des réassurances et parfois dans n'importe quoi d'un point de vue rationnel. Et donner (de l'argent) peut apparaître comme le moyen que l'on vous donne de l'affection en retour. On ne recueille en général que du mépris.

J'ai raté ma vie

Il y a chez certains individus une crise du milieu de la vie, qu'elle prenne la forme classique du *démon de midi* ou se traduise simplement par le sentiment que la vie que l'on a mené est un échec et que celle que l'on a engagée l'est sur une voie sans issue. C'est l'heure des remises en cause parfois brutales : changement brusque de carrière, divorce, création d'entreprise sans fond de roulement assuré, achat d'un appartement ou d'une maison de campagne, ou même d'un bateau, etc. Cela se traduit souvent par des dépenses inconsidérées qui déséquilibrent longtemps le budget disponible.

« Parce que je le vaux bien »

Nous reprenons ici une de ces publicités qui hantent régulièrement la télévision, pour un produit, Dieu sait lequel !

Probablement aussi dispendieux qu'inutile. Elle s'exprime dans une langue française à grammaire torturée, bien sûr volontairement. Mais le sens en est clair: vous avez droit au meilleur (notre produit !) quel qu'en soit le prix, parce que vous le méritez en soi, indépendamment de vos mérites personnels réels, et surtout de votre mérite financier. Le coût importe d'autant moins que vous êtes très au-dessus de contingences aussi subalternes. Et d'ailleurs vos mérites aussi exceptionnels que méconnus pour l'heure, ne vont pas tarder à être appréciés à leur juste valeur. De plus, Dieu y veille, et votre cartomancienne est formelle sur ce point.

Alors, pourquoi se priver sottement ?

Ça coûte cher, donc c'est meilleur

Normalement il y a une certaine corrélation entre prix et qualité. Mais si un produit de qualité est plus cher qu'un autre, cela ne veut absolument pas dire qu'un produit cher est de qualité. C'est cette ambiguïté sur ce que signifie le prix qui est entretenue par beaucoup de marques.

«Notre test sur 6 marques de polos : prix élevé ne rime pas avec qualité... » [cviii]

Autre exemple. Il n'y a pratiquement que deux systèmes d'exploitation des ordinateurs, celui d'Apple et celui de Microsoft, le troisième, Linux, ayant l'avantage de ne pas être sous licence, mais l'inconvénient d'être resté confidentiel. Et ces systèmes d'exploitation sont liés à des machines et vous ne pouvez pas faire tourner Windows sous Apple, ni évidemment l'inverse. La différence fondamentale est une différence de prix, Apple étant nettement plus cher. Certes les machines d'Apple sont en général plus élégantes. Apple dépense des fortunes en publicité pour convaincre le public de la supériorité de ses produits, quoique tous les testeurs indépendants estiment ces différences faibles, sauf peut-être dans le domaine de la PAO. En fait la différence fondamentale est que les produits Apple apparaissent comme des produits de luxe et les autres comme de simples produits grand public. Et les possesseurs de produits Apple sont en général très fiers de leur achat, ont tendance à l'exhiber et défendent mordicus sa supériorité !

Cette supériorité de ce qui coûte cher s'étend à bien des domaines, et même parfois inattendus.

Elle est bête comme ses pieds mais elle me coûte deux cent francs par jour !

Légende d'un dessin de l'*Assiette au beurre.* La scène représente un monsieur âgé, décoré, qui regarde une jeune femme élégante et passablement vulgaire. Non sourcé.

C'est siglé

Il y a de nos jours chez les enfants et les adolescents, une tyrannie des vêtements siglés c'est à dire arborant la marque de leur fabricant. Plutôt de leur vendeur, car il s'agit le plus souvent d'articles fabriqués au Bangladesh ou autres pays très pauvres, dans des conditions proches de l'esclavage. Ils sont en général beaucoup plus coûteux qu'un article de qualité équivalente mais de marque moins réputée dans les collèges et lycées. On peut penser que c'est une curieuse conception de l'élégance que de se transformer en homme-sandwich et l'on voit mal Georges Brummel exhibant le nom de son tailleur de Savile row. Mais quand on connaît la capacité de nuisance familiale de certains adolescents, il faut parfois se résigner à leurs caprices.

Cependant, ce que vous êtes peut-être obligé de supporter de la part d'un adolescent ne doit pas constituer une règle personnelle. D'autant que certains de ces produits sont des contrefaçons aux finitions approximatives. Mais qui de nos jours sait ce que veut dire : faufilé main. Faites donc du *No logo* un de vos réflexes d'achat.

Mieux vaut faire envie que pitié

« Moi, quand j'avais deux sous, j'ai toujours voulu faire croire que j'en avais quatre» dit une des héroïnes dans le *Pot-Bouille* de ZOLA, qui ruine son mari et son amant par ses fantaisies coûteuses et inutiles. L'expression est d'ailleurs proverbiale : *Mieux vaut faire envie que pitié.*

C'est en partie vrai et il est plus facile de trouver un emploi quand on en a déjà un que lorsqu'on est réduit au chômage par une restructuration destinée à améliorer la plus-value pour l'actionnaire. *On ne prête qu'aux riches*, dit-on aussi. Ou encore : l'*habit fait le moine. C'*est à dire que les apparences l'emportent dans beaucoup de cas sur la réalité. Et que la vie sociale est fondée en grande partie sur des apparences. Où le diplôme l'emporte sur les connaissances réelles. Où l'exotisme du vocabulaire l'emporte sur la pensée. Où le culot l'emporte sur la compétence. L'univers des médias est exemplaire à ce sujet et les noms sont sur toutes les lèvres.

Le romancier BALZAC avait déjà noté ce point au 19° siècle : « Les ménages parisiens sont dévorés par le besoin de se mettre en harmonie avec le luxe qui les environne de toutes parts, aussi en est-il peu qui aient la sagesse de conformer leur situation extérieure à leur budget intérieur. » (*Les employés et la femme supérieure.*)

Mais *Mieux vaut faire envie que pitié* est aussi une assertion dangereuse. Car elle ouvre la porte à la dérive des dépenses somptuaires, qui ne répondent à aucune nécessité vraie, sauf à celle *d'épater la galerie.*

-Voudriez-vous, madame, me faire la grâce d'ôter votre chapeau ; j'ai payé ma place un louis, c'est pour voir.

> **- Moi, j'ai payé mon chapeau vingt cinq louis, c'est pour qu'on le voie.**

Légende d'un dessin de PRÉLEJEAN. *Le Rire.*1910.

Le mépris des contingences

C'est une attitude de grand seigneur, qui méprise tout ce qui est commun, vulgaire, bas ou ce qu'il pense tel, jusqu'à ce que la réalité le rattrape. C'est donc un mépris des détails et surtout de leur coût : moteur qui tourne à l'arrêt; fenêtres ouvertes mais chauffage au maximum; conduite automobile à coups d'accélérations et de freinages. A vous de rechercher dans votre vie quotidienne ce coulage qui a mis bien des entreprises en faillite et bien des ménages sur la paille. Les administrations, elles, s'en moquent, mais vous, vous n'êtes pas l'État. Vous, on vous obligera à rembourser vos dettes !

Ce n'est pas de ma faute si...

Il est difficile d'accepter la responsabilité des conséquences négatives de ce que nous sommes ou de ce que nous faisons. Nous nous trouvons mille excuses ou accusons des circonstances sur lesquelles nous n'avons aucun pouvoir. « *C'est pas moi* », disent les jeunes enfants et ils en sont probablement tout à fait persuadés.

> **Folette, descends, le banc craque.**

dit une forte femme à la chienne minuscule qu'elle tient sur ses genoux. Évidemment, c'est le poids de l'animal qui est en cause, pas le sien ! Dessin de B. RABIER, *les Maîtres humoristes,* 1930.

Ne rejetez pas sur autrui la responsabilité de vos dépenses. Vous en êtes totalement responsable.

Les paysans

> - T'as été bin longtemps
> - J'ai pourtant couru tout le temps, grand mé !
> - Dame, s'il n'a que deux jambes, c'est la faute à ses parents.

Légende d'un dessin de BARIC, *Journal amusant,* 1900.

Et de façon générale ne rejetez-pas sur autrui ce dont vous êtes entièrement responsable.

> J'ai rêvé que nous nous disputions et que tu me disais des injures... Tu vois comme tu es grossier !

Légende d'un dessin de CARLÈGUE, *Le Rire*, 1907. Une jeune femme s'adresse à son compagnon.

Peut-on diminuer ses dépenses?

Un préalable, l'évaluation correcte des sommes en jeu

D'abord, les très grosses sommes, celles qui font les fortunes, sont difficiles à évaluer, tout autant que la durée d'une année lumière, ou la vitesse d'un kilomètre par seconde. Elles ne correspondent à rien de quotidien et de concret. Il faut les ramener à des grandeurs parlantes. C'est le cas si l'on vous dit que tel PDG a gagné en un an l'équivalent de cent ans du salaire moyen d'un ouvrier. Ça l'est déjà beaucoup moins si l'on vous dit que cela correspond au coût de la construction d'un hôpital ou d'un porte-avions.

Les dépenses récurrentes posent des problèmes du même ordre. Peu de gens, achetant un téléphone portable, multiplieront la mensualité exigible par le nombre de mois qu'engage leur forfait, et surtout mémoriseront sérieusement ce qui est dans le forfait et ce qui est hors forfait. Généralement est compris dans le forfait ce qui coûte peu, et est hors forfait, ce qui coûte plus cher, l'international par exemple.

Les prix affichés sont par ailleurs indiqués pour induire en erreur. On peut trouver un peu ridicule un prix de 1, 99 euro, pensant que les gens calculeront que cela équivaut à 2 euros. Mais si les commerçants se donnent tant de mal, c'est évidemment que c'est rentable et que beaucoup d'acheteurs calculeront que cela fait 1 euro et des poussières, poussières qu'ils négligeront.

De même dans les grandes surfaces alimentaires, les prix au kilo, qui seuls permettent des comparaisons, sont indiqués en chiffres minuscules, illisibles pour la plupart des personnes âgées. Et les grammages des produits, de plus en plus rarement au kilo ou à la livre, rendent eux aussi les comparaisons difficiles.

Les chiffres donnés sont aussi souvent tels qu'ils rendent tout calcul compliqué : gratuit les six premiers mois, hors TVA, prix en basse saison. On a l'impression qu'il s'agit du prix du pétrole, en dollars par baril. Qui, en France, sait combien il y a de litres dans un baril ?

Tout est donc fait pour que le calcul de tête soit difficile, sinon impossible. Ce n'est pas pour rien que le taux de conversion du franc en euro comporte plusieurs chiffres après la virgule. La perte des repères, qu'ils soient spatiaux, temporels ou monétaires est le moyen de toute emprise. Les prisonniers en font la rude expérience. Déboussolez, il en restera toujours quelque chose ! Nos « élites» le savent bien et le pratiquent encore mieux.

Pourquoi est-il difficile de diminuer ses dépenses ?

C'est difficile, inutile de le cacher, pour une infinité de raisons.

D'abord pour des raisons financières, car une économie à terme peut se traduire par une dépense immédiate. Il n'est pas simple de déménager. Bien des fournisseurs transformeront un simple changement d'adresse en rupture de contrat, qu'il faudra payer. Puis payer un réabonnement. Il peut être coûteux de changer de voiture même pour une plus petite.

Aussi pour des raisons familiales. Chacun autour de vous, femme ou mari, enfants, parents, etc. pratique un égoïsme naturel et refuse de voir la globalité des finances familiales. Qui a un budget personnel vraiment à l'équilibre ? Chacun pratique le : j'ai, donc je dépense, je n'ai pas, donc j'emprunte à mes proches (emprunt qui ne sera jamais remboursé) ou je prends un crédit et le tout de façon anarchique et fort peu rationnelle.

De plus chacun, à ce sujet, prend très mal des critiques ou de simples remarques. Il n'y a que la vérité que blesse, dit-on.

Mais elle blesse grièvement ! Et dire à quelqu'un qu'il dépense trop, et surtout sottement, fait de lui un ennemi mortel.

Les pathologies

On sait leur rôle dans certaine criminalité. Comme ce détenu américain condamné à mort, à l'intelligence très bornée, dont son avocat disait : *Il n' a même pas compris ce qui lui arrive et ce qu'il risque.* On le sait aussi dans certains cas d'extrême pauvreté tels que ceux de certains SDF. Cela va de l'intelligence limitée à des maladies mentales entraînant une distorsion du réel, en passant par un alcoolisme pathologique.

Ces pathologies, lorsqu'elles sont profondes, ne concernent qu'un nombre très restreint de personnes. Mais il y a tous les cas *border-line*, si l'on peut dire.

Les problèmes affectifs

> *Mais la plupart des hommes, aveuglés par la convoitise, se font ce beau raisonnement : On ne vaut que ce qu'on a; on n'a donc jamais assez.*
> JUVÉNAL, *Satires.*

Et puis, il y a et il y a surtout les caractéristiques psychologiques personnelles, qui font problème et sur lesquels la publicité joue de façon perverse.

Le premier de ces problèmes est une espèce de vide intérieur inconscient qui demande sans cesse à être comblé. Ses causes peuvent être innombrables.

Une des sources principales est le fait d'avoir eu une mère peu aimante. Après tout, la malédiction dont Dieu charge Adam et Eve se traduit souvent par « *Tu enfanteras dans la douleur.*» mais l'on pourrait traduire, ou paraphraser en « Tes enfants seront ta douleur», comme ont dû le penser bien des femmes mortes en couches ou lors d'avortements, accidents forts fréquents jusqu'il y a peu. Ce n'est que depuis l'invention de la pénicilline qu'il a beaucoup de veuves. Avant, il y avait beaucoup de veufs, mais les guerres rétablissaient un équilibre statistique. Comment aimer un enfant qui vous a conduit aux portes de la mort ?

Au 18° s. REINIER DE GRAAF écrit «(sans le plaisir) aucune femme ne voudrait assumer la fastidieuse affaire de gestation longue de neuf mois, le douloureux et souvent fatal processus d'expulsion du fœtus et l'angoissante tâche d'élever des enfants. » [cix]

Une autre source, très différente, a des résultats tout aussi désastreux. C'est celle de mères qui ne coupent pas le cordon ombilical et ne considèrent pas l'enfant comme une personne à part entière, mais comme une excroissance d'elles-mêmes. L'enfant ne devient alors jamais autonome, mais est prêt à n'importe quelle sottise, ou pire, pour montrer un peu de cette autonomie. Mais peu autonome réellement, il sera très influençable et en particulier soumis à la publicité.

Dans les deux cas, on a une difficulté d'être, souvent (mal) résolue par une accumulation d'avoir(s).

Un autre problème vient d'une configuration psychologique particulière, où l'on pense que tout vous est dû, parce que 'on est une personnalité exceptionnelle qui engendre autour d'elle incompréhensions et jalousies. Tel cet individu qui pensait ne pas avoir eu son bac en raison de la jalousie de ses professeurs vis à vis de son intelligence hors normes. Alors que rien dans sa vie n'a jamais démontré une intelligence même moyenne. Dans ce cas, les problèmes financiers et surtout leur solution, doivent rester l'apanage des médiocres.

Il faut ajouter les problèmes liés à la fratrie.

On connaît la personnalité bien particulière de l'enfant unique, gâté, mais sur lequel pèse la lourde charge de réaliser, seul, tous les fantasmes de ses parents. Il est et restera le centre du monde et ne s'occupera guère des problèmes subalternes, dont font partie les dettes et surtout leur remboursement.

Différemment, mais parfois aussi problématiques, les fratries nombreuses, où chacun apprend vite que la simple survie passe par un égoïsme féroce. Et qu'on peut être très seul au milieu d'une foule. Il faudra bien compenser !

Les problèmes intellectuels

Beaucoup de gens n'ont aucune stratégie dans aucun domaine de leur vie personnelle. Sans entrer dans des détails complexes sur ce qu'est une stratégie, disons pour simplifier qu'ils se posent rarement la question des origines et des conséquences de leurs actes. Ils vivent sur des habitudes, des *a priori,* jamais remis en cause par eux, et ils en supportent très mal la moindre remise en cause par autrui.

Ils ont d'ailleurs des milliers d'arguments pour justifier leur conduite et il est souvent vain de tenter la moindre discussion à ce sujet.

Le premier problème est de l'ordre de la temporalité. Bien des gens utilisent l'expression : j'arrive, pour signifier un délai de temps qui peut varier de cinq minutes à une heure ou plus. Il en est de même pour : nous somme en fin de mois (et donc...) alors que les jours restants peuvent varier entre deux et huit. Cela n'est pas sans incidence quant au solde du compte bancaire !

La temporalité est très subjective et chacun l'utilise au gré de ses intérêts, même mal compris.

Mais ma bonne amie, il n'est pas tard; il n'est que la demie...

Journal amusant, 1903

Le second problème est celui de l'anticipation. Il est à tous les niveaux et bien des généraux ont livré bataille sans se demander ce qu'ils allaient faire s'ils perdaient cette bataille. E. ZOLA raconte ainsi dans *La débâcle,* que lors de la guerre de

1870-1871, si les officiers français avaient des cartes de l'Allemagne; ils n'en possédaient pas de la France et ignoraient où se trouvait la Belgique où ils auraient pu se réfugier. A force d'entendre crier : à Berlin, à Berlin, ils s'y croyaient déjà.

Un autre problème est de l'ordre de l'organisation et de la planification. Bien des gens refont leur valise alors que le taxi pour l'aéroport est déjà devant leur porte. Bon moyen pour oublier des choses essentielles et emporter de l'inutile. Et augmenter la facture du taxi.

Il y a aussi le problème de la mémoire et surtout de la mémoire sélective. En particulier, on mémorise parfaitement le montant des rentrées d'argent et on oublie celui des dépenses, de la même façon qu'on a tendance à oublier les petits emprunts fait de ci de là.

Un autre est celui de l'optimisation. Les spécialistes ont longuement planché pour imaginer des logiciels capables d'optimiser les trajets des livreurs. Le problème n'est pas simple. Très peu de gens pensent à optimiser leur organisation personnelle, à planifier leurs sorties, à étaler leurs dépenses, etc.

Un dernier, celui de la décision. Une bonne décision ne devrait être prise qu'après un bilan avantages / inconvénients appliqué à **plusieurs** possibilités. Or le plus souvent on décide sur « un coup de cœur », formule particulièrement stupide, de l'ordre de ces achats d'impulsion qu'adorent les vendeurs.

Enfin, il y a la bêtise pure et simple [cx]. Après tout, le Q.I. moyen est de 100. Ce qui signifie que bien des gens ont des Q.I. de l'ordre de 60 ou 70. C'est un peu juste face à des commerçants dont les services marketing sont tenus par des spécialistes avec des Q.I. à 130-140. La lutte est donc tout à fait inégale. Et il n'y a même pas lutte, mais soumission consentante et même heureuse!

Être sage

Revenons-en aux bons vieux classiques.

« En résumé, que dit la Bible sur la gestion de ses finances ? La réponse peut être résumée en un seul mot – sagesse. Nous devons agir avec sagesse avec notre argent. Nous devons économiser de l'argent, mais pas l'amasser. Nous devons dépenser notre argent, mais avec discrétion et retenue. Nous devons rendre au Seigneur avec joie et sacrifice. Nous devons nous servir de notre argent pour aider d'autres, mais avec discernement et la direction de l'Esprit de Dieu. Il n'y a rien de mal à être riche, mais il est mal d'aimer l'argent. Il n'y a rien de mal à être pauvre, mais il est mal de gaspiller de l'argent pour des choses triviales. Le message permanent de la Bible est de gérer son argent avec sagesse. »

Mais évidemment là comme ailleurs; la sagesse n'est guère qu'un pis aller.

« Disons la chose comme elle est ; la Fortune aime les gens peu réfléchis, les téméraires, ceux qui disent volontiers : « Le sort en est jeté ! » La Sagesse rend les gens timides ; aussi trouvez-vous partout des sages dans la pauvreté, la faim, la vaine fumée ; ils vivent oubliés, sans gloire et sans sympathie. Les fous, au contraire, regorgent d'argent, prennent le gouvernail de l'État et, en peu de temps, sur tous les points sont florissants. Si vous faites consister le bonheur à plaire aux princes et à figurer parmi les courtisans, mes divinités couvertes de pierreries, quoi de plus inutile que la Sagesse, quoi de plus décrié chez ces gens-là ? Si ce sont des richesses que vous voulez acquérir, quel sera le gain du trafiquant inspiré par la Sagesse ? Il reculera devant un parjure ; il rougira s'il est pris à mentir ; il se ralliera plus ou moins, sur la fraude et l'usure, aux scrupules des sages. Si l'on ambitionne les dignités et les biens ecclésiastiques, ânes ou bestiaux y arriveront plus tôt qu'un sage ; si l'on cherche le plaisir amoureux, la jeune femme, partie importante dans l'affaire, sera de tout son cœur avec le fou et s'éloignera du sage avec horreur comme d'un scorpion. Quiconque enfin veut jouir agréablement de la vie doit avant tout fuir le sage et fréquenter plutôt le premier animal venu. En somme, de quelque côté qu'on regarde, pontifes, princes, juges, magistrats, les amis, les ennemis, les grands et les petits, tous ne cherchent que l'argent comptant ; comme le sage méprise l'argent, on a soin d'éviter sa compagnie. » [cxi]

Comment diminuer ses dépenses ?

Résister aux pressions

Toute action stratégique peut être rangée, en simplifiant, dans l'une des catégories suivantes: la résistance et l'attaque. C'est évidemment lié au rapport de forces. S'il est défavorable, on en restera à la défense. S'il est favorable on pourra passer à l'attaque. Dans l'ensemble, un consommateur est évidemment en position de faiblesse vis à vis des multinationales. Il s'agit donc de se défendre au mieux.

Éviter les transferts de charges

Les administrations, les banques et de plus en plus souvent de vulgaires fournisseurs, tendent à vous faire payer indirectement ce qui devrait être à leur charge. Ou faire en sorte que leur problème devienne le vôtre.

Autrefois, par exemple, la bière de table (faiblement alcoolisée) était vendue en bouteilles d'un litre, consignées, qu'il fallait rapporter à l'épicier et qui étaient reprises ensuite par le fournisseur. Chacun y allait de son service. Le client rapportait et le fournisseur reprenait. Maintenant, il n'existe plus guère de bières vendues au litre. Quant aux bouteilles si elles sont toujours rapportées par le consommateur, c'est pour qu'elles soient cassées, puis fondues, ce qui est évidemment beaucoup plus écologique ! Du moins, c'est ce que la propagande gouvernementale prétend. Mais, en fait, le point clé est que le fournisseur, lui, fait des économies.

Un autre exemple en est fourni par la dématérialisation de factures ou de déclarations. L'organisme émetteur fait des économies de personnel et de frais d'expédition. Vous vous êtes condamné à acheter des toners pour votre imprimante, car si votre ordinateur tombe en panne ou est volé, vous n'aurez pas de justificatifs sous la main. Certes, tout est en principe sur des serveurs ou dans le «cloud». Encore faut-il y avoir accès ! Autrement dit que votre fournisseur d'accès à Internet ne soit pas en panne et daigne répondre au téléphone. Encore faut-il que le téléphone ne soit pas lui-même en panne et que l'électricité fonctionne.

C'est un principe, faire payer les autres à votre place, qui a de multiples applications.

Autre exemple, des Jeux Olympiques, des Expositions universelles, des Commémorations de ci ou de çà, coûtent à la collectivité en termes de mise en place d'infrastructures et de coûts de fonctionnement. Autrement dit, c'est le citoyen de base qui les paie par ses impôts. Et ces événements ne profitent qu'à quelques professions, hôtels, taxis, bistrots, boutiques de luxe et évidemment aux organisateurs, qui voyagent, vont dans les meilleurs restaurants, prennent l'avion pour aller voir des matchs de foot, utilisent des escortes (-girls...), etc.

Vous devez donc veiller à ne pas payer à la place des autres, pour autant qu'on vous en laisse la possibilité et à refuser tout ce qui, sous le prétexte d'économies collectives n'est qu'un moyen de vous faire payer à la place d'autres, déjà riches.

Vous devez aussi ne pas vous laisser culpabiliser ou incriminer dans des affaires qui ne vous concernent pas. Par exemple, une grande surface affiche

Pour votre sécurité, vous êtes filmé.

Il est évident qu'il s'agit de la sécurité de leurs biens et non des vôtres. C'est même une façon de vous laisser entendre que vous êtes, vous aussi, au moins potentiellement, un voleur et qu'à ce titre, vous êtes, à juste titre, étroitement surveillé. Dans ces cas, changez de crémerie !

Résister aux sangsues

La sangsue est une espèce de limace qui se colle à la peau et suce le sang jusqu'à en être gonflée. Elle fut utilisée autrefois pour soulager l'emphysème pulmonaire.

Elle est devenue le symbole des gens «qui vous collent». Mais ils ne font pas que vous coller. Ils vous pompent aussi. On connaît ainsi des gens qui n'ont jamais de pièces pour la machine à café, dont la carte de crédit est capricieuse, qui n'ont pu se rendre au distributeur de billets, etc. Essayez de les éviter.

Il y a évidemment pire : «J'ai appris que la plupart des sociopathes ne tuent jamais personne. Ils sont, cependant, des prédateurs sociaux, qui vivent leur vie en exploitant les autres. Les sociopathes n'ont pas de cœur, pas de conscience, aucun remord. » [cxii]

Résister aux petits chantages

Il ne s'agit pas du type de chantage pratiqué par les « brouteurs» de Côte d'ivoire, pour lesquels une prostituée d'ailleurs jolie, apparemment jeune et prétendument mineure, a obtenu de vous une photo « compromettante». Cela relève de la police et de votre capacité à arbitrer entre une réputation écornée (mais tout le monde s'en fiche !) et une somme d'argent conséquente.

Il s'agit plutôt de ces petits chantages quotidiens auxquels se livrent quelques variétés de commerçants.

> **- Hum ! Ça me paraît un peu chérot !**
> **- Faites es'cuse, ma toute belle. Une personne aussi distinguée voudra pas râler pour deux sous.**

Légende d'un dessin de LÉANDRE. Dialogue entre une marchandes des quatre-saisons et une cliente. *L'Assiette au beurre.* Vers 1900.

Souvent, une certaine bonne éducation, la timidité, la peur du qu'en dira-t-on, la soumission pure et simple (par exemple, vis à vis d'un supérieur), nous font céder à ces petits chantages. Ce peut être pour de petites sommes, excuse toute trouvée, ou pour des sommes plus conséquentes. Il faut apprendre à résister, mais il n'est pas toujours facile de résister quand, pour une raison ou une autre, on est en situation de faiblesse.

Ces situations de faiblesses peuvent être objectives et il ne manque pas de charognards, par exemple lors d'un deuil. Mais elles peuvent aussi être subjectives tirant leur source d'un défaut personnel, manque de confiance en soi, ou à l'inverse sentiment que l'on est plus malin que les autres. C'est d'autant plus difficile à corriger que l'on en a rarement conscience, surtout lorsqu'on se croit très malin.

Bon pour l'un mais pas pour l'autre

La plupart des choix que tente d'imposer la pensée dominante, sont paradoxaux, c'est à dire qu'aucune des branches de l'alternative n'est satisfaisante. C'est le célèbre : « Voulez-vous être pendu ou être fusillé ?»

Une autre forme de paradoxe de l'injonction réside dans le fait que ce qui est bon pour les uns (en général, les riches) ne l'est pas pour les autres (en général les pauvres).

Résister à la pression sociale

> On peut avouer qu'on a soif, mais pas qu'on a faim.
> JULES VALLÈS, L'Insurgé.

La pression sociale vous dicte ce que vous devez penser ou faire. Elle peut prendre des formes diverses, des plus brutales aux plus subtiles.

La pression sociale est particulièrement forte dans le domaine des dépenses pour certains biens et services. Certes l'on peut acheter une grosse voiture pour des raisons personnelles de vanité. Mais on peut y être obligé, comme les vendeurs à domicile qui ne peuvent se présenter chez des clients potentiels dans une « vieille caisse» à la tôlerie cabossée. On ne leur ferait pas confiance, à l'évidence.

La publicité le sait bien qui utilise, par ricochet, la pression d'autres personnes. A commencer par les enfants, cible privilégiée de la communication puisque c'est un public naïf et malléable, à charge pour eux de faire pression sur leurs parents pour acheter un objet A qui rend le même service qu'un objet B, mais est deux fois plus coûteux, parce qu'il porte en grosses lettres le nom d'une marque célèbre dans les cours de récréation des lycées et collèges, ou dans les magazines *people*.

Il faut tenir son rang ! Bien obligé quand on travaille, car les entreprises tolèrent mal que l'on sorte de leurs normes, qui sont bien souvent plus morales que techniques. Mais les entreprises capitalistes sont, de nos jours, un mal nécessaire. Et après tout, le système économique de la Grèce antique était fondé sur l'esclavage. Cela n'a pas empêché le« miracle grec ». Cela l'a peut-être même permis. Allez savoir !

Résister à la pub

> *Oh !les passions !... les passions !..., quel magnifique clavier... pour qui sait promener sur ses touches, une main légère, habile et vigoureuse.*
> E. SUE, *le Juif Errant.*

La défense contre la pub

« ... supposons que vous ayez la bonne fortune d'examiner, la première fois qu'elle tombe sous votre vue, une affiche ou une annonce d'un produit nouveau. Il est une série de questions de contrôle que vous omettrez certainement de vous poser. Vous pourrez critiquer le texte, le dessin et son coloris ; vous examinerez le produit annoncé ; vous pourrez même dire que la publicité est agaçante ou inopérante ; vous pourrez traiter de fou l'annonceur ; mais ce que vous ne vous demanderez pas, c'est ceci :

1. Qui a posé l'affiche ?
2. Pourquoi a-t-elle été posée ?
3. Que veut-on me faire croire ?
4. Est-ce que l'affirmation de cette affiche est exacte ?
5. Est-ce que j'ai besoin de ce produit ?

[...] Il n'est pas prétentieux d'affirmer que pas un homme ne se pose ces questions devant les moyens de publicité qu'il rencontre. » [cxiii]

La pub comme mensonge

> *Dans un deuxième hadith le Prophète dit : Les commerçants sont les véritables libertins. Certains rétorquèrent : mais ô prophète de Dieu, le commerce n'est-il pas chose licite ? Bien sûr que si répondit-il sauf que les commerçants jurent par Dieu sans raison valable et mentent régulièrement dans leur discours.* (http://lueursducoran.com/)

Qu'elle s'appelle réclame, propagande, publicité ou plus récemment information ou communication, elle n'est qu'une forme plus ou moins raffinée de mensonge.

Certes il y a plusieurs variétés de mensonge : couramment par omission, parfois charitable mais le plus souvent effronté.

Et parfois compliqué :

-Dis donc, maman, tâche de te fourrer dans le ciboulot : Si René vient, tu téléphoneras à Gustave que je ne sors pas parce que Adolphe est rentré.

Légende d'un dessin de JEANIOL. *Les Maîtres humoristes.*

La publicité, elle, recourt au mensonge, mais de façon crédible, crédibilité qui est fonction de la crédulité du public.

Les marchands du Temple
- Souveraine pour les rhumatismes, notre eau de Bourdes tient le ventre libre, détruit les cors, arrête la chute des cheveux et, par dessus le marché, son usage quotidien fait gagner le Paradis.

Légende d'une caricature de *l'Assiette au beurre.* Vers 1900. Non sourcée.

La pub comme tentation

La publicité « ciblée» envahit notre vie quotidienne, que ce soit sur notre téléphone ou notre ordinateur. En fait, nous sommes constamment espionnés, pour notre bien évidemment, comme le proclame toujours ce genre d'organismes.

Le problème est que l'impact de cette publicité sur certains publics et particulièrement les enfants et les adolescents, vient de ce qu'elle ne respecte aucune règle, ni d'argumentation, ni de logique, ni trop souvent de morale.

Elle est de l'ordre de la tentation, qui comme chacun sait, vient du diable.

Vis à vis d'autres publics, plus intellectuels, elle tente de faire passer ces fautes comme « part de rêve », comme licence poétique ou comme recherche esthétique. Il est vrai que la publicité mélange une grande qualité de forme (entre autres dans les images) et des défauts de fond détestables.

Encore plus là qu'ailleurs, morale et efficacité sont antinomiques. Les arguments publicitaires sont efficaces. Mais par ailleurs, ils détruisent ce que l'enseignement tente, péniblement, de construire : des citoyens qui raisonnent.

« Tous ces sondages et ces manipulations ont certes un côté positif et amusant, mais il faut ajouter qu'ils ont des implications nettement humanistes. Ils représentent, généralement, plutôt une régression qu'un progrès dans la longue lutte menée par l'homme pour devenir un être rationnel, capable de se diriger soi-même. » [cxiv](

Au début du 20° siècle, V. Packard, dans l'ouvrage fondateur de la critique de la publicité, « *La Persuasion clandestine* » commence ainsi :

« Ce livre est un essai d'investigation d'un domaine étrange et assez peu connu de la vie américaine, en l'occurrence les façons dont nous sommes influencés et manipulés, sans en avoir très bien conscience, dans notre mode d'existence quotidien. En effet des gens se livrent sur une grande échelle à des efforts souvent couronnés de succès, pour diriger nos habitudes inconscientes, pour orienter nos décisions en matière d'achats, le processus de notre pensée, ceci à l'aide de moyens empruntés à la psychiatrie et aux sciences sociales.»

Inconscient est le mot-clé. Pour résister à la publicité dans ce qu'elle a d'abusif, le mieux est de tenter de rendre conscient ces mécanismes. Au libre arbitre de chacun de décider ensuite ce qu'il veut faire.

Un univers très-content de lui

Les publicitaires ont parfaitement compris, c'est leur métier, que dans l'art de convaincre, le bluff était primordial. Lorsqu'ils parlent de la publicité c'est d'abord comme d'une évidence qui s'impose à tous et qu'il serait mal venu de critiquer comme il serait mal venu de critiquer un fait de société tel que le port du blue-jeans ou un phénomène aussi inéluctable que la pluie ou la sécheresse.

« Il n'y a pas désormais, un mois, une semaine, parfois une journée où un fait publicitaire n'est révélé au grand public comme un événement important. Tous les médias s'en saisissent, le commentent ou le critiquent comme une œuvre littéraire ou cinématographique. Les grands quotidiens, en particulier, ont tous imité Libération en créant une rubrique journalière consacrée à la publicité. » [cxv]

Les moyens de la publicité

De façon très simplifiée, la publicité peut être analysée à deux niveaux : fond et forme.

Quant au fonds, elle spécule, pourrait-on dire sur des affects : désir d'être beau, riche, puissant, de dominer, de transgresser, etc.

« Cette fille non désirée, devait donc, fatalement, devenir la reine du désir. Le rêve, l'orgueil, le rire, le sexe, la tendresse, la dérision, la curiosité, le cynisme, la cupidité, beauté, la générosité, l'imbécillité..., elle joue à l'infini sur toutes les cordes [...] » [cxvi] . Cet auteur oublie la violence.

« Il faut dire que les réunions de marketing des années 60, tant chez l'annonceur qu'en agence de publicité, ne manquaient pas de piquant sémantique. Il n'était question que de « stratégies », de « créneaux», de « cibles», de « campagnes», «d'impacts», de « retombées», et autres formes réjouissantes de relation empruntées à la panoplie militaire. L'analogie dans le mode guerrier est même allée très loin, puisqu'on a entendu un jour dans une agence l'expression aussi troublante que signifiante de « tapis d'annonces» qui n'était pas sans rappeler celle de « tapis de bombes» qui, à l'époque, dévastaient le Vietnam. [...] Aujourd'hui encore, qu'on le veuille ou non, on est toujours dans l'ère de la conviction par la force et par la violence, comme si le changement social n'avait pas eu lieu au fil des années. »[cxvii]

Quant à la forme rhétorique elle joue d'abord sur la contamination, c'est à dire la présentation juxtaposée d'éléments totalement indépendants, mais dont l'un va influencer l'autre. L'exemple le plus évident de cette contamination est celui de l'utilisation du corps féminin, considéré comme universellement désirable, pour rendre désirable n'importe quel objet que la publicité va lui associer.

Autre exemple. Un quotidien présente les programmes des chaînes de télévisions sous la rubrique Culture. Ce n'est pas pour rien. En effet chacun se doute que la culture, la vraie, ne peut être que coûteuse et donc subventionnée et l'on voit mal la Bibliothèque nationale vivre de ses ressources propres. Qualifier de culture les divertissements de goût souvent douteux proposés par les chaîne de la TV d'État, permet de justifier la taxe sur l'audiovisuel public, c'est à dire l'impôt prélevé sur tout possesseur d'un simple appareil de télévision.

La publicité joue aussi sur les mots, au bon mais surtout au mauvais sens de cette expression. Par exemple, création de mots artificiels, qui peuvent être évocateurs, mais qui n'ont pas de sens précis. Ou glissement de sens d'un mot employé dans un contexte inhabituel. Ou mot pris dans une acception totalement différente de son acception courante.

Ils n'ont rien inventé, bien que persuadés du contraire et les théologiens du Moyen Age ne procédaient pas autrement : «Innombrables sont leurs subtiles niaiseries, encore plus subtiles que les précédentes, au sujet des instants, notions, relations, formalités, quiddités, eccéités, toutes imaginations que seul l'œil de Lyncée pourrait percevoir ; encore lui faudrait-il distinguer à travers les plus épaisses ténèbres ce qui n'existe pas. Joignez-y des sentences tellement paradoxales que celles des Stoïciens, qui portent le nom de paradoxes, semblent auprès d'elles banalités et lieux communs. »

La justification en est que la publicité est une forme de poésie ! Il serait naïf de les croire.

L'effet voulu, en effet, est probablement de brouiller une perception objective. L'effet à long terme le plus évident en est une perversion de la langue, les mots ou les expressions pouvant être utilisés pour tout et n'importe quoi. Bien des intellectuels, qui se comportent en chef d'école, c'est à dire de secte, n'écrivent pas autrement.

« Pire que tout, les chargés d'études utilisent un jargon prétentieux tel que : Paradigmes comportementiels, démassification, reconceptualiser, sous-optimal, union symbolique, scissionnisation. Et quoi encore Professeur.? » (D. OGILVY)

La publicité joue encore sur une absence ou une perversion de la logique, utilisant une variété de la pensée magique. C'est ainsi

- que la proximité est prise comme identification,
- que des ressemblances de forme sont prises comme des ressemblances de fond.
- que l'on passe d'un élément à un autre pour aboutir à des conclusions qui n'ont rien à voir, ni avec les prémisses, ni avec le corps du développement. Ce qui n'est qu'une façon de parler, car il n'y a pas de développement proprement dit.

Dans les spots télévisés, un kaléidoscope d'images très rapides empêche de réfléchir et facilite la contamination et la pensée magique.

Tout ceci est accentué et apparemment masqué par l'aspect formel. D'abord, un luxe qui veut se faire passer pour esthétique (jolies femmes, beaux paysages, finition impeccable des photographies, qualité typographique).

Puis un luxe qui veut apparaître comme quotidien, appartements vastes, environnements riches (piscines, voitures, accessoires de sports coûteux, etc.). On spécule manifestement sur une projection du consommateur.

Le message

Forme et fonds sont évidemment au service d'un message.

Ce message peut être éloigné des significations évidentes découlant du texte et des images.

C'est votre personnalité et votre intelligence qui sont mises en doute si vous n'obtempérez pas en achetant.

« Au sein de la communication publicitaire s'opère donc un transfert des responsabilités : je ne suis rien par moi-même. C'est l'objet qui m'apporte tout. Doté de pouvoirs quasi-magiques, il lui est donné de me restituer un corps, une âme, une identité. [...] Si le message remplit bien son rôle, le lecteur ne peut qu'associer l'objet à l'assouvissement imaginaire de ses fantasmes notamment érotiques. » [cxviii]

Et au fonds des choses, le message est toujours le même : DEPENSEZ, nous ferons le reste.

« Des économistes de gauche, toujours anxieux de prendre le fouet des mains de Dieu, affirment que la publicité pousse les gens à gaspiller leur argent sur des biens dont ils n'ont aucun besoin. Qui sont ces élitistes pour décider ce dont vous avez besoin ? Avez-vous besoin d'une machine à laver ? Avez-vous besoin d'un déodorant ? Avez-vous besoin d'un voyage à Rome ? Je ne ressens aucun cas de conscience à vous persuader que vous en avez besoin. Les professeurs d'université calviniste ne paraissent pas savoir qu'acheter des objets peut être un des plus innocents plaisirs de la vie, que vous en ayez besoin ou non. [...] Si la publicité était abolie, que ferait-on de l'argent ? »

Eh ! On pourrait l'investir intelligemment! Dans la recherche de vaccins, par exemple.

Réfléchir avant d'engager de grosses dépenses

L'achat d'un appartement

Posséder un appartement ou une maison est depuis longtemps le rêve de beaucoup de français. Mais seuls 57% le réalisent, ce qui est un des pourcentages les plus faibles d'Europe (INSEE). Et ils s'endettent, longuement et lourdement pour ce faire. Le montant d'endettement moyen est de 80.400 euros pour l'immobilier et de 6.700 euros pour la consommation (INSEE).

Est-ce toujours sage ?

S'endetter sur 10 ans est une chose, le faire sur trente en est une autre. Dans le premier cas, il y a une certain prévisibilité quant à son devenir : santé, travail, état de l'économie nationale et mondiale, etc. Dans le second, la prévisibilité est faible et l'emprunt s'apparente à un pari. On peut gagner mais l'on peut perdre !

Le second point concerne évidemment le taux de l'emprunt. Un emprunt à taux variable en fonction de tel ou tel paramètre sur lequel vous n'avez aucune prise ou manipulable par telle ou telle instance officielle, est toujours dangereux. Dieu sait ce que ces gens peuvent inventer ! Pour le bien de tous, évidemment !

De plus, le taux réel peut être différent du taux officiel. Il faut tenir compte de différents paramètres et entre autres de l'inflation.

Il faut donc avoir une information fiable, étant entendu que les informations officielles sont... Et le chargé de clientèle de votre banque a pour premier objectif de remplir ses quotas de vente. Quant au directeur de la banque, qui change tous les deux ans, il sera loin le jour où vous aurez des problèmes.

Il est donc sage d'y réfléchir à deux fois. C'est à dire de faire un budget prévisionnel.

Choisir sa résidence en fonction des charges

On sait que de plus en plus de français choisissent leur résidence en fonction de la carte scolaire, c'est à dire de la réputation des lycées. Proclamer de grands principes applicables aux autres et y échapper soi-même par tous les moyens, est un des charmes de la bourgeoisie.

Mais il n'y a pas que la carte scolaire, car il y a aussi les taux d'imposition. Certains départements et certaines communes sont infiniment plus riches que d'autres, par exemple s'ils abritent les sièges sociaux de grandes entreprises. Celles-ci paient (relativement) beaucoup d'impôts mais emploient peu de personnel, ce qui diminue les charges des collectivités locales. Le dumping fiscal ne se joue pas qu'entre pays ! Par ailleurs, certains hommes politiques sont atteints d'une forme de folie des grandeurs. Il n'est que de voir le luxe insolent et stupide des bâtiments qui hébergent les instances régionales. Et ils n'hésitent pas à endetter lourdement les collectivités locales. Il faudra bien payer un jour !

Et commencer à payer dès maintenant.

« Les impôts locaux augmentent le coût d'un achat immobilier en représentant l'équivalent de deux à trois mensualités de remboursement de crédit par an, ou un taux d'emprunt multiplié par deux, selon les calculs d'un courtier en crédits immobiliers.» [cxix]

Il y a aussi le coût des services collectifs. On sait qu'à Paris, ville peuplée essentiellement de riches le coût des transports en commun est très faible alors qu'il est exorbitant en banlieue.

Il n'est pas facile de chiffrer ces différents coûts ou avantages. Il faut au moins s'y efforcer.

Lycée public ou privé

Dans un certain nombre de cas, on n' a pas vraiment le choix. Si l'on habite un « beau quartier », les lycées publics seront bons, peut-être même meilleurs que les privés. Si l'on habite un « quartier difficile », on peut être affecté à un lycée public à la réputation détestable et mal classé dans les palmarès nationaux. Si l'on a un revenu suffisant, le choix sera vite fait. Si l'on a plusieurs enfants, la charge résultant du choix du privé sera telle qu'elle pourra être insupportable pour beaucoup de revenus.

Restent donc les cas où le lycée public est correct et les revenus aussi. Sans plus !

Si nous soulevons ce point, c'est qu'il est exemplaire des cas où l'on a d'excellents raisons de dépenser plus que les revenus ne le permettraient raisonnablement. En effet, quoi de plus important que l'éducation des enfants ! Et qu'est ce qui, plus que cela autoriserait une entorse au principe du budget équilibré, épargne de précaution comprise ?

Mais dans cette dépense qui est aussi un investissement, (à très long terme et de rentabilité aléatoire !) peuvent se cacher de moins bonnes raisons, un peu comme dans l'achat d'une automobile (quoi de plus important que la sécurité ?). Car le choix d'un lycée, sans parler des études en Suisse, c'est aussi un problème de prestige!

Essayez donc sur ce sujet comme sur tant d'autres, d'avoir une analyse froide, objective, sans faux fuyants, parfaitement rationnelle. Difficile, car le choix se fait un peu en additionnant (ou en soustrayant) des choux et des carottes ! Mais faites un effort !

Le divorce

Il est rare que l'on divorce pour des raisons strictement financières, mais les conséquences financières d'un divorce engagé pour des raisons affectives peuvent être considérables.

Nous ne considérerons que le cas de l'homme, suivant en cela le site *femmes.gouv.fr* du Ministère des affaires sociales, de la santé et des droits des femmes, qui propose un simulateur des pensions alimentaires, réservé, semble-t-il, aux femmes ! Où le sexisme ne va-t-il pas se loger ?

Évidemment si vous êtes marié sous le régime de la communauté de biens, le divorce vous fera déjà perdre la moitié de vos biens !

Il faudra ajouter la pension alimentaire, les frais d'avocat, etc.

Généralement, si l'on divorce, c'est pour commencer une nouvelle vie (souvent déjà commencée, d'ailleurs !) et l'affectivité l'emporte de beaucoup sur la rationalité surtout financière. Faites un effort : faites quelques calculs !

Les grandes cérémonies

De par le vaste monde les grandes cérémonies familiales coûteuses, sinon ruineuses, sont surtout des funérailles. Et dans certains pays, on congèle le corps du défunt, le temps nécessaire pour rassembler les sommes considérables nécessaires à une cérémonie dispendieuse.

Mariages

En Europe et particulièrement en France, ce sont les cérémonies de mariage qui sont la démonstration publique de la richesse familiale. Curieusement, alors que l'institution même du mariage n'a plus la vogue d'autrefois, les cérémonies de mariage y deviennent de plus en plus ostentatoires... et coûteuses. Il y a une forte influence des séries télévisées hollywoodiennes et bollywoodiennes; mais aussi des télénovelas brésiliennes, qui mondialisent le phénomène. Et l'on a vu un milliardaire indien louer le château de Versailles pour y célébrer le mariage de sa fille. Il en avait sans doute les moyens, ayant acheté, dépecé puis abandonné quelques sites industriels en France.

Le problème est que souvent les dépenses ainsi occasionnées dépassent les moyens de ceux qui ont à les supporter. Il faudra étaler ou... emprunter

« Le prix moyen d'un mariage en France est de 8000 à 10000€, avec un coût moyen par invité de 100€. Bien sûr, le prix d'un mariage reste variable en fonction notamment du nombre d'invités. D'autre part, en région parisienne, le samedi ou l'été, un mariage vous coûtera plus cher qu'en province, en semaine ou hors saison. Les postes les plus coûteux seront la location de la salle et le repas, suivis généralement de la robe de mariée. En moyenne les mariées dépensent 1000€ pour leur robe. » [cxx]

Note exotique :

Ivoirien aime trop farrot
MARIAGE POMPEUX ET RUINEUX
- Vous là, gérez bien la nourriture, hein ! C'est avec le reste qu'on va terminer le mois !

GBICH! N°453. Côte d' ivoire.

Naissances

C'est une mode récente, organisée par le commerce, soutenue par des *publicités rédactionnelles* et différents sites sur Internet.

D'autres sites s'en moquent d'ailleurs :

« Des listes de naissance balancées impunément sur Facebook aux baby shower extravagantes organisées pour la future maman, le business de la maternité est en pleine effervescence. Il faut ce qu'il y a de mieux pour ce petit être qui va arriver alors il n'est pas question de lésiner.

Poubelle à couches électronique, mouche-bébé à piles, table à langer super ergonomique, baignoire high tech avec thermomètre intégré, babyphone caméra, stérilisateur multitâches, préparateur de biberon instantané... la liste d'achats plus ou moins inutiles est longue il suffit d'aller faire un tour sur les forums pour s'en rendre compte. On fait croire aux primipares que pour être de bons parents il faut mettre la main au porte-monnaie. Alors les listes de naissance s'allongent et se rallongent... »

La création d'entreprise

Elle est à la mode, ne serait-ce que pour faire, soi-disant, reculer le chômage. En fait, il s'agit surtout d'améliorer les statistiques officielles de ce chômage.

Elle l'est aussi parce que assimilée aux sports extrêmes, prise de risque, etc. Elle l'est enfin parce que nombre d'entreprises y voient un moyen d'externaliser charges et responsabilités, en transformant un statut de salarié en celui d'auto entrepreneur.

Une entreprise c'est la rencontre d'un marché et d'un produit. Mais d'un marché en croissance et d'un produit innovant. Et avant que cette conjonction ne soit rentable, il faut assurer le démarrage et donc disposer du « fond de roulement» adéquat, ne serait-ce que pour pouvoir attendre que les gros clients aient la bonté d'honorer leurs dettes (90 jours fin de mois, c'est long.) Plus d'un tiers des entreprises françaises ont payé au quatrième trimestre 2013 leurs factures un à quinze jours au-delà du terme prévu, selon Le Figaro.

Pour assurer ce fond de roulement, il faut soit disposer de capitaux, soit emprunter.

Un homme intelligent, doué et travailleur arrivera toujours à se faire une situation dans la politique, les arts, la littérature. Dans lé mégisserie, çà ne suffit pas, il faut des capitaux.

Légende d'un dessin de HUARD. *L'Assiette au beurre*. 1905.

Un clochard
Ce que j' fais : j' cherche des capitaux.

Légende d'un dessin de G. HUARD, *Le Journal amusant,* 1900.

Les banques, comme la fourmi de la fable, ne sont pas prêteuses, car elles ont, par expérience et à juste titre, une forte aversion pour le risque. Et puis leur métier n'est pas de prêter mais de gagner de l'argent, contrairement à une légende tenace car soigneusement entretenue.

La solution la plus courante consiste à emprunter auprès de sa famille, si elle en a les moyens. Bonne occasion pour ruiner tous ses proches.

Il s'est créé 538.100 nouvelles entreprises en France en 2012 avec un total de 63.452 défaillances. Soit plus de dix pour cent.

Mais cela n'est pas perdu pour tout le monde. « Le business des faillites » titre le Monde diplomatique de mai 2015. *Business is business.* Des professions qui prospèrent sur la misère du pauvre monde et même l'organise, il n'en a jamais manqué.

Les dépenses récurrentes

Le crédit à la consommation

> *Le riche a les pauvres en son pouvoir. Ceux qui empruntent sont les esclaves de leurs créanciers... Si tu n'as pas de quoi payer, on te retirera même ton propre lit.*
> BIBLE, *Proverbes.*

> *Donnez un revolver à quelqu'un, il pourra voler une banque; donnez-lui une banque, il pourra voler tout le monde.*
> JEAN GADREY. (Cf. Wikipédia)

C'est la forme contemporaine de l'usure, que les banques pratiquent allègrement.

D'ailleurs, les chaînes de magasins ne s'y sont pas trompées qui vous proposent à qui mieux mieux une carte de crédit maison. Diable ! emprunter à 1 ou 2 % et prêter à 15 ou 18% est une opération rentable. C'est ce qu'on appelle de nos jours un cercle vertueux.

Ce qui aggrave les dégâts de ce genre de crédit, c'est son type de remboursement. Le plus souvent il est mensuellement très faible et ne couvre pratiquement que les intérêts des sommes dues, sans diminuer la somme empruntée. Cela peut donc durer pendant des années. C'est en conséquence une variété d'emprunt particulièrement coûteux à long terme. L'État laisse faire, malgré quelques velléités de réforme et surtout des effets d'annonce, car les intérêts privés en jeu sont considérables et disposent de moyens de pression non moins considérables.

Un économiste américain, qui fut un des animateurs de la contestation de la façon dont de grosses banques américaines furent mises en faillite par leurs actionnaires et renflouées par les contribuables, ce qui lui valu de devoir s'exiler, écrit : «La dernière fois que j'ai regardé les résultats de la première banque du monde (ou presque), J.P. Morgan, j'ai découvert que 75 à 80 % de leurs profits venaient des frais de gestion de compte et des agios imposés aux clients endettés. » [cxxi]

On n'arrête pas le progrès !

Faites attention à d'autres pièges

L'obsolescence programmée

Le progrès technique, si rapide de nos jours, rend très vite obsolètes un certain nombre d'appareils domestiques, et c'est normal. Ce qui l'est beaucoup moins c'est que beaucoup de ces appareils sont programmés pour avoir une durée de vie courte.

Se jeter sur les appareils dernier cri est donc en fait se jeter dans la gueule du loup. Il faudra les remplacer à court terme.

On sait qu'en Afrique, les téléphones portables se sont répandus avant même le téléphone filaire. Si vous pouvez vous aussi faire l'économie d'une phase technique, vos finances ne s'en porteront que mieux.

Donnez et vous recevrez

Dans certains pays la religion est devenue un moyen de s'enrichir au moins pour des fondateurs de sectes, qui prélèvent un impôt, une dîme disent-ils, sur des fidèles crédules et naïfs.

« C'est pourquoi, il est recommandé de donner les dîmes, afin que L'ÉTERNEL DES ARMÉES répande Sa Bénédiction en abondance, et qu'Il menace celui qui dévore, selon Malachie 3:10-12.

De nombreux chrétiens trompent DIEU dans les dîmes et les offrandes, et se plaignent ensuite d'avoir des problèmes financiers, parfois en dépit de leur salaire élevé. C'est parce que la Promesse de L'ÉTERNEL de menacer celui qui dévore ne trouve pas en eux la raison de son accomplissement. LE SEIGNEUR JÉSUS nous encourage dans Matthieu 23:23 à ne point négliger la dîme, qui est le secret de la prospérité pour quiconque suit l'exemple d'Abraham et de Jacob dans ce domaine, afin de récolter avec abondance ce qu'il sème.

Il en est de même pour la bonne santé qui découle de l'attention que l'on accorde aux Paroles du SEIGNEUR, ainsi que recommandent les Proverbes (4:20-21). Car ce qu'on voit n'a pas été fait de choses visibles, déclare Hébreux 11:3. Mais tout a été créé par LE SEUL VRAI DIEU qui peut faire infiniment au-delà de ce que nous demandons ou nous pensons, confirme Éphésiens 3:20. Ta prospérité dépend de ta conduite devant LE SEIGNEUR, fais Sa Sainte Volonté et tu seras prospère, toi et ta maison.» Inutile de citer l'auteur et de lui faire de la pub.

Les petites dépenses

Ce sont les plus difficiles à contrôler car la somme en jeu à chaque fois est faible et la paresse, la fatigue, le *à quoi bon* l'emportent sur la raison.

Éviter les jeux et les paris

La plupart des jeux sont de pur hasard, tels ceux des casinos. D'autres font plus ou moins appel à des connaissances tels que les paris sur chevaux, car l'on peut toujours disposer de « tuyaux» et il y a multitudes de journaux spécialisés en informations dans ce domaine. Mais l'éternel gagnant y est l'État qui prélève des taxes considérables. Sauf exception, on ne s'y ruine pas, mais cela peut peser lourd dans un budget. Et cela augmente d'année en année (de 1960 à 2005 : + 148 %), selon l'INSEE.

D'autres jeux se prétendent rationnels, résultant d'une analyse plus ou moins savante de certains phénomènes, tels les placements en bourse.

Ces derniers occupent une place à part, étant donnée l'importance des sommes qui peuvent être mises en jeu et des ruines qu'ils ont historiquement occasionnés. Le roman de E. Zola, *l'Argent*, illustre de façon romancée, évidemment, mais sur un fonds historique très bien documenté, le krach de l'Union générale, banque catholique et légitimiste, gérée imprudemment sinon frauduleusement, qui causa par sa chute la ruine d'innombrables entreprises et petits rentiers. Assez effrayant !

Les français se méfient désormais de la bourse et rares sont de nos jours, les boursicoteurs. Comment lutter d'ailleurs contre des batteries d'ordinateurs surpuissants ? Et les chargés d'affaires de la succursale locale de votre banque, fort peu compétents, ne le peuvent pas plus que vous. Nous n'en parlons donc que pour mémoire.

Éviter les cartomanciennes, astrologues, voyants, coaches, psys et donneurs de conseils en tous genres

Væ cæcis ducentibus, væ cæcis sequentibus
(Malheur aux aveugles qui veulent conduire les autres, malheur à ceux qui les suivent.)
Évangile selon Mathieu.

Pour la seule voyance, « Officiellement, c'est un business qui génère plus de 75 millions d'euros par an avec 100 000 voyants recensés. Officieusement, c'est plus de 3 milliards d'euros qui sont dépensés par les français car beaucoup de voyants ne déclarent pas leur revenu. »[cxxii]

Les sommes en jeu sont donc colossales. Elles l'ont toujours été, probablement depuis la plus haute antiquité et les Romains étaient d'une crédulité incroyable. Dans ce domaine, l'humanité a encore de gros progrès à faire.

> **Vous êtes doué d'une grande sensibilité et d'un rare courage. La ligne de cœur est admirable : vous êtes un tendre et un imaginatif, vous pourriez être à la fois un grand poète ou un grand capitaine...**

Légende d'un dessin de HUARD, représentant une chiromancienne. Vers 1900.

Inutile de donner des conseils de rationalité. Ils n'ont, hélas ! aucun poids vis à vis de l'irrationnel !,

A titre d'exemple, nous aurions pu intituler cet ouvrage: **Maîtrisez votre budget en dix leçons.** Il se serait sans doute (encore) mieux vendu. Mais cela eut été mensonger, car la maîtrise d'un budget personnel n'est pas technique. Elle est liée à personnalité de chacun, surtout à son affectivité, et dans ce domaine, les conseils techniques...

Éviter les sites Internet payants

Les moteurs de recherche sur Internet mettent généralement dans leurs réponses en première place des sites payants et rejettent en bas de page ou dans les pages suivantes les sites officiels, administratifs ou non. Certains n'hésitent pas à arborer un petit drapeau français, ou à singer les sites officiels par leur présentation. A tel point que les sites de certaines administrations du type *impots.gouv,* se croient maintenant obligés d'ajouter *: site officiel.*

En règle générale, il faut éviter les sites trop bien référencés. Ils ont payé pour cela et escomptent bien reprendre leur mise sur votre dos. Il faut aussi se méfier de sites où le mot Gratuit est un peu trop visible. Ils deviennent brutalement payants lorsqu'il est trop tard pour revenir en arrière.

Il est vrai qu'Internet est le lieu de travail privilégié d'escrocs de beaucoup de pays, et ça fait du monde.

Éviter les dépenses invisibles

Les chasses d'eau qui fuient, les ordinateurs qui restent allumés la nuit, l'éclairage de pièces vides, l'eau chaude réglée à une température trop élevée, les doses de lessive trop importantes, la mise à la poubelle d'aliments n'ayant pas dépassé la date de péremption, le climatiseur dans la voiture, les conversations téléphoniques sans fin vers des n° hors forfait,, etc. sont des sources de dépenses immédiatement invisibles, qui ajoutées les unes aux autres, finissent par faire des sommes importantes, toutes les associations de consommateurs vous le diront, en vain le plus souvent, *vox clamantis in deserto.*

Vérifier ses désabonnements

Canal+ sommée d'être plus claire sur ses procédures de désabonnement [cxxiii]

On remarque facilement qu'il suffit d'un clic sur Internet, pour s'abonner à n'importe quelle sottise, mais qu'il faut au moins une lettre recommandée avec AR pour se désabonner et qu'il faut au moins un huissier pour obtenir l'adresse à laquelle renvoyer le décodeur ou l'appareil en cause. Idem pour ces abonnements avec tacite reconduction.

Il faut être très vigilant avec les fournisseurs qui ont d'autant plus la loi pour eux, qu'ils contribuent de façon décisive à sa formulation.

Renégocier ses contrats

En fait, il est très difficile de renégocier la plupart des contrats, sauf peut-être des prêts bancaires liés à l'immobilier en cas de fortes variations des taux d'emprunt. Les sommes en jeu sont importantes, et il n'y a le plus souvent qu'un seul contrat, ce qui rend la chose plus aisée.

C'est différent avec d'autres contrats tels ceux du téléphone, de l'accès à l'internet, de la gestion immobilière, de l'entretien de tel ou tel matériel, des assurances, etc. Mais le plus souvent on est lié par des clauses de durée. Il faut donc les dénoncer à la bonne date (c'est à dire avec une bonne marge d'avance) et par lettre recommandée avec AR. Et choisir un autre fournisseur et un autre type de contrat. En effet les entreprises sont prêtes à des concessions pour attirer de nouveaux clients, mais pas vis à vis des clients existants, qu'elles considèrent comme des vaches à lait en jouant sur leur inertie ou leurs anxiétés.

Faire gérer par une tierce personne

On est souvent englué dans ses propres sentiments ou dans ceux que font naître la pression des autres. Ces sentiments empêchent d'avoir une vue objective d'une situation et donc d'avoir une attitude rationnelle vis à vis d'elle, d'autant plus qu'ils sont largement inconscients et que l'on répugne à en prendre conscience. Une solution consiste à confier la décision à quelqu'un de confiance. On peut aussi prendre plusieurs avis et réfléchir aux arguments donnés en faveur de telle ou telle solution.

Le futur et l'épargne de précaution

Argent, c'est donc toi qui es la cause de toutes.les anxiétés de la vie ?
CATULLE, *Élégies.*

Le futur fascine. On voudrait le connaître. D'où le succès de charlatans en tous genres qui prétendent dire quel sera le futur individuel ou collectif, utilisant aussi bien le marc de café que des modèles mathématiques compliqués sinon complexes.

En même temps, le futur est généralement angoissant, et l'on évite d'y penser. D'où le classique : "*Ah! Si j'avais su.*", alors qu'en fait il n'était pas difficile de savoir. Il suffisait de réfléchir, un peu !

Cependant pour beaucoup d'individus, le futur n'existe tout simplement pas, ou bien il est si vague qu'il n'a aucune influence sur les comportement actuels. Ou dit autrement, les comportements actuels ne sont pas vus comme affectant les situations futures. Et pourtant il est évident que les dépenses actuelles obéreront les budgets futurs. Mais ce qui est si évident pour l'observateur extérieur ne semble pas l'être pour beaucoup d'acteurs

La plupart des ménages ont des budgets mensuels, parfois trimestriels (en raison des charges de copropriété, par exemple) et à partir d'un certain revenu, annuels, car il faut bien penser aux impôts. Les riches, eux, ont des gestionnaires de fortune, dont le métier est de réfléchir... à long terme.

Dans le futur, les blocs d'événements auxquels on évite le plus de penser, sont le chômage et la retraite. Et ce sont eux qui ont le plus fort impact financier. L'on sait que le chômage réduit drastiquement les revenus, mais contrairement à ce que l'on pense souvent, la retraite ne réduit guère les dépenses. Le loyer reste le même, le prix du pain ne baisse pas, les petits enfants coûtent presque aussi cher que les enfants, sont plus nombreux et n'entrent pas dans le quotient familial. Et les impôts continuent d'augmenter : on est en France !

Reste la maladie. On n'y pense guère non plus. Et pourtant elle a, elle aussi, un impact budgétaire important.

Il vous reste donc à définir quel pourrait être le montant de votre épargne de précaution et à prévoir une épargne mensuelle, destinée à la constituer

Conclusion

LE CONSOMMATEUR CONSCIENT
Elles vont au marché !

Légende d'une gravure représentant des femmes armées de fusils et de fourches. *L'Assiette au beurre,* 1911.

Vous êtes dans une situation proche de la guerre ! A tout le moins vous vous déplacez dans un champ de mines. Et vous êtes le point de mire d'innombrables *snipers.*

Ces dangers sont principalement extérieurs

Ce sont d'abord tous les pièges des industriels et commerçants, véhiculés par leurs publicités, leur affichages, leurs promotions, leurs conseils gratuits, les opinions d'experts soi-disant indépendants, etc.

Exemple. « Et alors que ces sites affichent des rabais conséquents, ceux-ci sont bien souvent plus modestes. Les remises seraient en moyenne de -2,4% pour les réfrigérateurs, alors que les sites affichent des rabais à hauteur de -25%. La tromperie est la même pour les téléviseurs. Ils sont de -4,8% en moyenne, alors que les enseignes affichent des rabais à hauteur de 18,6%. » [cxxiv]

Il y a aussi une pression sociale exercée par les médias, qui évidemment crient avec les loups. « 53% des Français pensent dépenser jusqu'à 300 euros pour les cadeaux de Noël, 21% des Français entre 301 euros et 500 euros, 16% des Français entre 501 euros et 1.000 euros, soit un budget moyen de 415 euros. Ce budget moyen important diffère selon l'âge des personnes interrogées : de 255 euros chez les moins de 35 ans à

425 euros chez les 35-65 ans. C'est chez les 65 ans et plus que s'exprime la plus grande générosité : 597 euros. » Générosité ou obligation ?

Si vous ne dépensez pas au moins ces sommes, honte à vous ! Soit vous êtes avare et égoïste, soit vous êtes paresseux pour n'être même pas capable de gagner cet argent.[cxxv]

Puis, les innombrables obligations imposées par les administrations. « En France, la longueur moyenne du Journal officiel est ainsi passée de 15 000 pages par an dans les années 1980 à 23 000 pages annuelles ces dernières années, tandis que le Recueil des lois de l'Assemblée nationale passait de 433 pages en 1973 à 2 400 pages en 2003 et 3 721 pages en 2004. Cette évolution ne tient pas tant à un accroissement du nombre de lois votées, (...) qu'à un allongement des lois, qui dépassent désormais souvent les 100 pages.» (Wikipédia).

Enfin, les innombrables arnaques de gens fort malhonnêtes et fort bien organisés telles que les fraudes aux cartes de crédit, l'usurpation d'identité, etc. Sans compter les vols à l'arraché ou ceux des pickpockets.

Mais vous êtes également fragile de l'intérieur. Vous aussi vous voudriez être riche, ou à tout le moins débarrassé des soucis financiers. En tout cas, vous aimeriez en avoir l'apparence et ne pas refuser presque toutes leurs demandes à vos proches. Et vous pensez plus ou moins fort que vous le méritez bien ! Et les rapaces à poil ou à plumes, en fait une bonne partie de votre entourage, spéculent sur ce fait.

i   Cf. Jacques Depauw, *Spiritualité et pauvreté à Paris au XVIIe siècle.*

ii   conference-consensus.justice.gouv.fr/

iii   http://archives.mrap.fr/

iv   Karl Marx, *Le Capital.*

v   P.L. Courier, *Pamphlets.*

vi   http://www.humanite.fr/

vii   http://www.lemonde.fr/idees/article/2015/10/20/l°

viii   http://wol.jw.org/fr/wol/d/

ix   Exode 32:1-14.

x   imamabdallah.com

xi   Pierre-Joseph Proudhon. *Qu'est-ce que la propriété ?* 1840.

xii   Site Huffington Post.

xiii   Psychologies.com

xiv   Paul Dubost, *Le luxe et les lois somptuaires*, 1881.

xv   Le Monde diplomatique , déc. 2015

xvi   Wikipedia, à propos du film *Le Jouet.*)

xvii   http://www.lefigaro.fr/flash-eco/2015/11/23/

xviii   *K.* Marx, *Le Capital.*

xix   P. Boucheron, Le Monde 26/09/2015.

xx   Le Monde, 6/1/2016.

xxi   O. Mirbeau, Journal d'une femme de chambre.

xxii   Gilles Raveaud, Alternatives Économiques n° 329

xxiii   Paul Dubost, *Le luxe et les lois somptuaires*, 1881

xxiv   Paul Dubost, *op.cité*

xxv   http://www.letudiant.fr/educpros/actualite/

xxvi   Anonyme, *Épître morale sur l'avarice et l'ambition*, 1832.

xxvii   Paul Dubost. op.cité.

xxviii   http://leonarddebony.hautetfort.com/

xxix   Le Monde, 11/12/2015.

xxx   Najat Vallaud-Belkacem, Le Monde, 19/5/2015.

xxxi   P.L. Courier, *Extrait d'une lettre à M. Renouard* (cité par Wikipedia.)

xxxii   http://www.lemonde.fr/pixels/article/2015/12/03/mark-zuckerberg-symbole-d-une-nouvelle-generation-de-philanthropes

xxxiii   Patrick Turmel. www.télérama.fr

xxxiv   A France, *Opinions sociales.*

xxxv   http://www.toupie.org/Textes/

xxxvi   Site Mediapart

xxxvii   Gobineau, *Les Pléiades.*

xxxviii O. Mirbeau, *Les affaires sont les affaires*, 1921.

xxxix   H. de Balzac, *A combien l'amour revient aux vieillards.*

xl   Nicolas   Lecaussin , Jean-Philippe   Delsol;   Le   Figaro, 18/07/2015.

xli   Pascal Bruckner, http://www.lopinion.fr/3-septembre-2015.

xlii   N. Lecaussin, J-P Delsol. Le Figaro, 18/07/2015.

xliii   Baron Tripeaud, dans E. Sue, *Le Juif errant.*

xliv   H.-A. FRÉGIER, *Des classes dangereuses de la population dans les grandes villes et des moyens de les rendre meilleures....* PARIS, 1840.

xlv   Paul Lafarge *Le droit à la paresse,* 1880.

xlvi   Deutéronome 21:20

xlvii   Léon Bloy, *La femme pauvre;* 1897.

xlviii   http://www.slate.fr/life/70209/sexe-ouvrieres-intellectuelles-csp-fellation-sodomie-classe-sociale

xlix   O. Mirbeau, *Les affaires sont les affaires.*

l   http://www.planetoscope.com/ (2015)

li   Le Monde, 2010/07/01

lii   Séverine, cf. Wikipédia.

liii   A. France, *Le lys Rouge.*

liv   Cité par Amédée Vialey, Les cahiers de doléances du Tiers-Etat, Paris, 1911.

lv   © Nick http://fractura-sciences.com/

lvi   Léon Bloy, *La femme pauvre.*

lvii   Maxime Robin, Le Monde diplomatique, sept. 2015.

lviii   M. Guerrin, le Monde, 15/6/2015

lix   http://www.herodote.net/22_novembre_1831

lx   Michael W. Kraus et al. (2012), Social Class, Solipsism, and

Contextualism: How the Rich Are Different From the Poor, Psychological Review

lxi   http://atilf.atilf.fr/

lxii   d'Esterno, *De la misère*, 1842.

lxiii   Horace, Satires, 1,

lxiv   http://www.shahâda.fr/2013/07/

lxv   Paul Dubost, op.cité

lxvi   David R. Loy, 1991.

lxvii   *Satire anonyme*, 1760.

lxviii http://www.blague.info/

lxix   Comment réussir ? Sept habitudes de leaders-nés comme Steve Jobs, Bill Clinton ou Michelle Obama. Carolyn Gregoire, The Huffington Post.

lxx   Karl Popper, *La quête inachevée*, 1981.

lxxi   http://www.marieclaire.fr/

lxxii   Nele Neuhaus, Flétrissure. 2011.

lxxiii Ou-tse, *Du général d'armée.* in Jean-Marie Amiot, Art militaire chinois. 1777.

lxxiv   Gobineau, *Mademoiselle Irnois.*

lxxv   http://www.lemonde.fr/ameriques/article/2015/12/12/

lxxvi   Le Canard Enchaîné, 28/10/2015.

lxxvii http://www.idixa.net/Pixa/pagixa-0508281130.html

lxxviii Erasme, *Eloge de la folie.*

lxxix   Alain Deneault. http://www.telerama.fr/idees/en-politique-comme-dans-les-entreprises-les-mediocres-ont-pris-le-pouvoir,135205.php

lxxx   Satire sur les abus du luxe, Anonyme, 1770.

lxxxi   http://www.clubpatrimoine.com/

lxxxii http://news.doctissimo.fr/

lxxxiii Ponsard, op. cité.

lxxxiv P. Proguel, le Monde, 26/8/2015

lxxxv   O. Mirbeau, *Le jardin des supplices*, 1899.

lxxxvi Erasme, *De la Folie.*

lxxxvii Deutéronome ,23-19

lxxxviii Martin Luther, cité par K. Marx; *Le Capital*

lxxxix H. Diacono, le Coran, la religion et l'argent, site Tribune libre xc   P. L. Courier, *Discours*.

xci   http://notretpe.e-monsite.com/

xcii   http://infos.fondationscelles.org/archives/

xciii   Loubna Abidar, Le Monde 12.11.2015.

xciv   Le Monde 11/11/2015

xcv   Gérard Mordillat, Le Monde diplomatique, Janv. 2016.

xcvi   P. Roger, Le Monde, 6/10/2015

xcvii   www.lemonde.fr/idees/#YPwI86HHtIuF8gfF.99

xcviii D. Cosnard, Le Monde, 8/1/2015.

xcix   http://franco-allemande/Afrique/vidéo/2015/06/18/

c   http://www.france24.com/fr/20150129-cote-ivoire-assassinats-enfants-ivoiriens-sacrifice-sorcellerie-marabout-abidjan

ci   Léon Bloy, *Le sang du pauvre*. 1909.

cii   http://www.planetoscope.com/drogues/

ciii   Nicolas Brechenmacher

civ   Léon Bloy, *Le sang du pauvre*. 1909.

cv   Le Monde, 26/9/2015.

cvi   Wikipedia.

cvii   Kafka, Le Procès.

cviii   http://photo.capital.fr/

cix   Cité par Pierre Barthélémy, http://passeurdesciences.blog.lemonde.fr/

cx   Cf. Jean Champin, *De la bêtise humaine, de ses causes et de ses conséquences. Alençon*, 1849.

cxi   Erasme, De la Folie.

cxii   http://leplus.nouvelobs.com/contribution/1417439-a-lire-en-j-ai-epouse-un-sociopathe.

cxiii   O. J. Guérin et C. Espinadel, *La publicité suggestive*.

cxiv   V. Packard, *La Persuasion clandestine*.

cxv   Bernard Brochant , préface à Bernard Cathelat, *Publicité et société*

cxvi   P. Weil, *Et moi, émoi*.

cxvii   Barthélémy in S. Piquet et al. *La publicité nerf de la communication*

cxviii F. Guyon, *La publicité n'affiche pas la couleur*

cxix   ouestfrance-immo.com

cxx   Source : www.touslesmariages.com
cxxi   David Graeber, Télérama, 11/10/2015.
cxxii   http://www.smoosee.com/fr/articles/psychologie-coaching
cxxiii   Le Figaro, 12/06/2015
cxxiv   http://www.lefigaro.fr/flash-eco/2015/12/16
cxxv   http://france3-regions.francetvinfo.fr/champagne-ardenne/budget-de-noel-jusqu-415-euros-depenses-pour-les-cadeaux-888935.html

www.ingramcontent.com/pod-product-compliance
Lightning Source LLC
Chambersburg PA
CBHW062146280526
45788CB00001B/332